school - ကျောင်း	2
travel - ခရီးသွားသည်	5
transport - သယ်ယူပို့ဆောင်ရေး	8
city - မြို့တော်	10
landscape - ရှုခင်း	14
restaurant - စားသောက်ဆိုင်	17
supermarket - စူပါမားကတ်	20
drinks - သောက်စရာများ	22
food - အစားအစာ	23
farm - လယ်ယာ	27
house - အိမ်	31
living room - ဧည့်ခန်း	33
kitchen - မီးဖိုချောင်	35
bathroom - ရေချိုးခန်း	38
child's room - ကလေး အခန်း	42
clothing - အဝတ်အစား	44
office - ရုံးခန်း	49
economy - စီးပွားရေး	51
occupations - အလုပ်အကိုင်များ	53
tools - ကိရိယာ တန်ဆာပလာများ	56
musical instruments - ဂီတတူရိယာများ	57
zoo - တိရိစ္ဆာန်ရုံ	59
sports - အားကစားများ	62
activities - လှုပ်ရှားမှုများ	63
family - မိသားစု	67
body - ကိုယ်ခန္ဓာ	68
hospital - ဆေးရုံ	72
emergency - အရေးပေါ်	76
Earth - ကမ္ဘာမြေကြီး	77
clock - နာရီ	79
week - ရက်သတ္တပတ်	80
year - နှစ်	81
shapes - ပုံစံများ	83
colours - အရောင်များ	84
opposites - ဆန့်ကျင်ဖက်များ	85
numbers - နံပါတ်များ	88
languages - ဘာသာစကားများ	90
who / what / how - ဘယ်သူ / ဘာ / ဘယ်လိုပုံ	91
where - ဘယ်နေရာလဲ	92

Impressum
Verlag: BABADADA GmbH, Nedderfeld 112 , 22529 Hamburg
Geschäftsführer / Verlagsleitung: Harald Hof
Druck: Books on Demand GmbH, In de Tarpen 42, 22848 Norderstedt

Imprint
Publisher: BABADADA GmbH, Nedderfeld 112 , 22529 Hamburg, Germany
Managing Director / Publishing direction: Harald Hof
Print: Books on Demand GmbH, In de Tarpen 42, 22848 Norderstedt

school
ကျောင်း

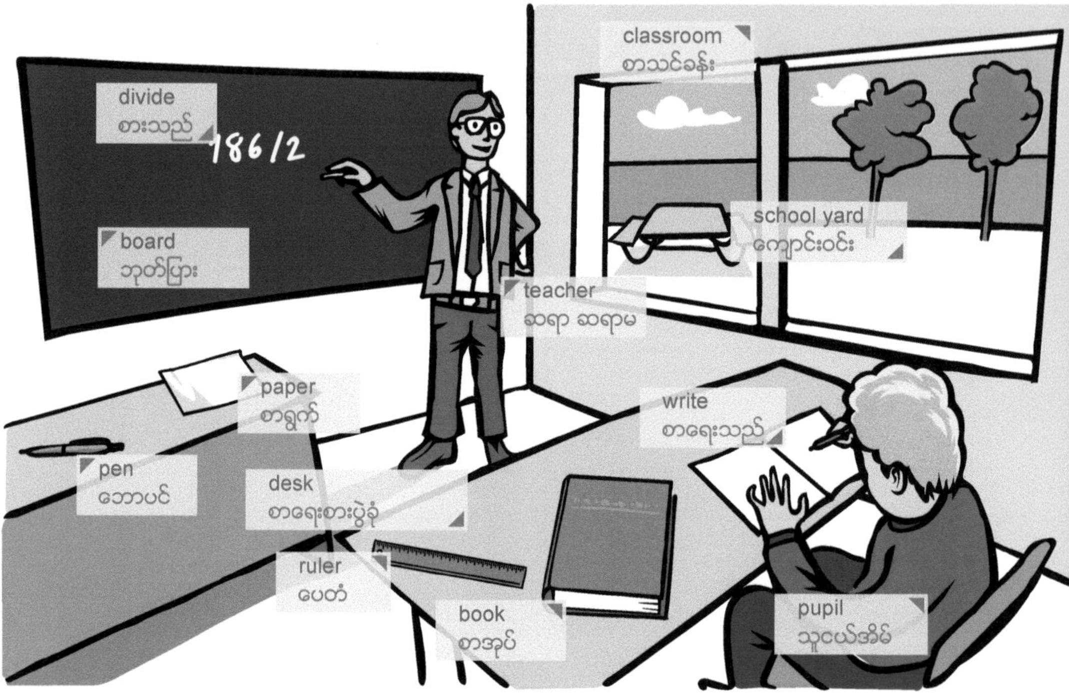
classroom
စာသင်ခန်း
divide
စားသည်
186/2
board
ဘုတ်ပြား
school yard
ကျောင်းဝင်း
teacher
ဆရာ ဆရာမ
paper
စာရွက်
write
စာရေးသည်
pen
ဘောပင်
desk
စာရေးစားပွဲခုံ
ruler
ပေတံ
book
စာအုပ်
pupil
သူငယ်အိမ်

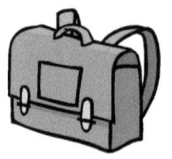

satchel
အဖုံးပါ ဘေးလွယ်အိတ်

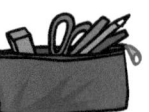

pencil case
ခဲတံဘူး

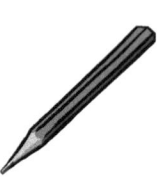

pencil
ခဲတံ

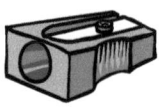

pencil sharpener
ချွန်စက်

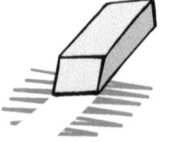

rubber
ခဲဖျက်

drawing pad
ပုံဆွဲစာအုပ်

drawing

ပုံဆွဲခြင်း

paintbrush

ဆေးခြယ်သည့် စုပ်တံ

paint box

အရောင်စုံ ပုံး

scissors

ကပ်ကြေး

glue

ကော်

exercise book

လေ့ကျင့်ခန်းစာအုပ်

homework

အိမ်စာ

12

number

နံပါတ်

2+2

add

ပေါင်းသည်

5-2

subtract

နှုတ်သည်

2×2

multiply

မြှောက်သည်

calculate

တွက်ပါ

A

letter

စာ

ABCDEFG
HIJKLMN
OPQRSTU
VWXYZ

alphabet

အက္ခရာ

word

စကားလုံး

text

ဖတ်စာအုပ်

read

ဖတ်သည်

chalk

မြေဖြူ

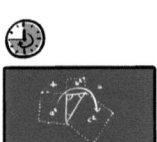

lesson

သခန်းစာ

register

ကျောင်းခေါ်ချိန်
မှတ်တမ်းစာအုပ်

exam

စာမေးပွဲ

certificate

အထောက်အထားလက်မှတ်

school uniform

ကျောင်းဝတ်စုံ

education

ပညာရေး

encyclopedia

စွယ်စုံကျမ်း

university

တက္ကသိုလ်

microscope

အနုကြည့်မှန်ပြောင်း

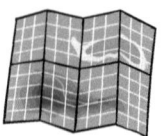

map

မြေပုံ

waste-paper basket

အမှိုက်စက္ကူပုံး

hotel
ဟိုတယ်

hostel
ဘော်ဒါဆောင်

ROOMS

bureau de change
ငွေလဲဌာန

EXCHANGE

car
ကား

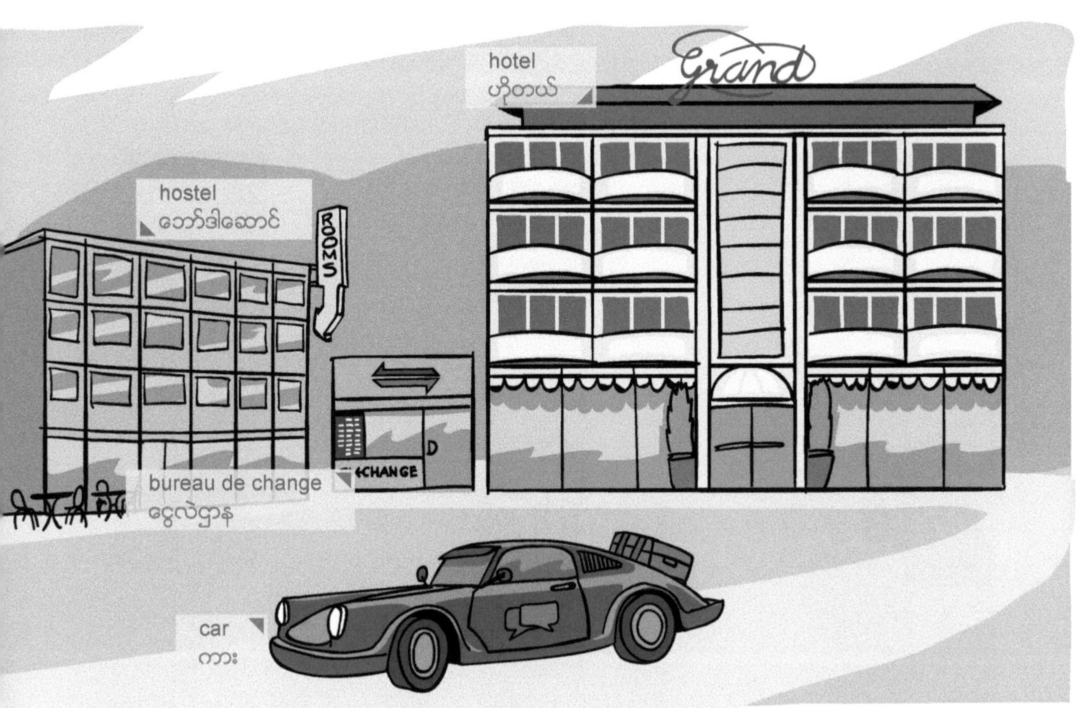

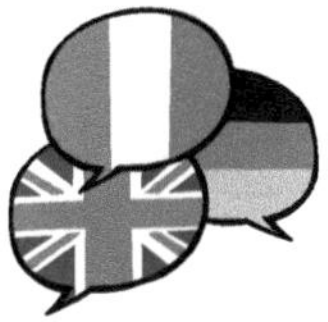

language
ဘာသာစကား

yes / no
မှန် / မှား

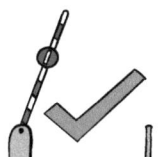

Okay
အိုကေ

hello
ဟယ်လို

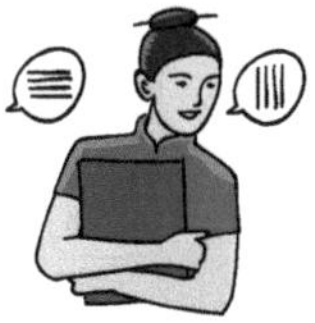

translator
ဘာသာပြန်

Thank you
ကျေးဇူးတင်ပါတယ်

how much is…?

......က ဘယ်လောက်လဲ။

I do not understand

ကျွန်ုပ် နားမလည်ဘူး

problem

ပြဿနာ

Good evening!

မင်္ဂလာ ညနေခင်းပါ။

Good morning!

မင်္ဂလာ နံနက်ခင်းပါ။

Good night!

မင်္ဂလာ ညပါ။

bye bye

ဘိုင်းဘိုင်

direction

ဦးတည်ရာ

luggage

ခရီးဆောင်သေတ္တာ

bag

အိတ်

backpack

ကျောပိုးအိတ်

guest

ဧည့်သည်

room

အခန်း

sleeping bag

တစ်ကိုယ်စာအိပ်ယာလိပ်

tent

ရွက်ထည်တဲ

tourist information

ခရီးသွားညွှန်သည့်အတွက်
သတင်းအချက်အလက်

beach

ကမ်းခြေ

credit card

အကြွေးဝယ်ကတ်

breakfast

နံနက်စာ

lunch

နေ့လည်စာ

dinner

ညစာ

ticket

လက်မှတ်

lift

ဓာတ်လှေကား

stamp

တံဆိပ်ခေါင်း

border

နယ်စပ်

customs

အခွန်များ

embassy

သံရုံး

visa

ဗီဇာ

passport

နိုင်ငံကူးလက်မှတ်

transport
သယ်ယူပို့ဆောင်ရေး

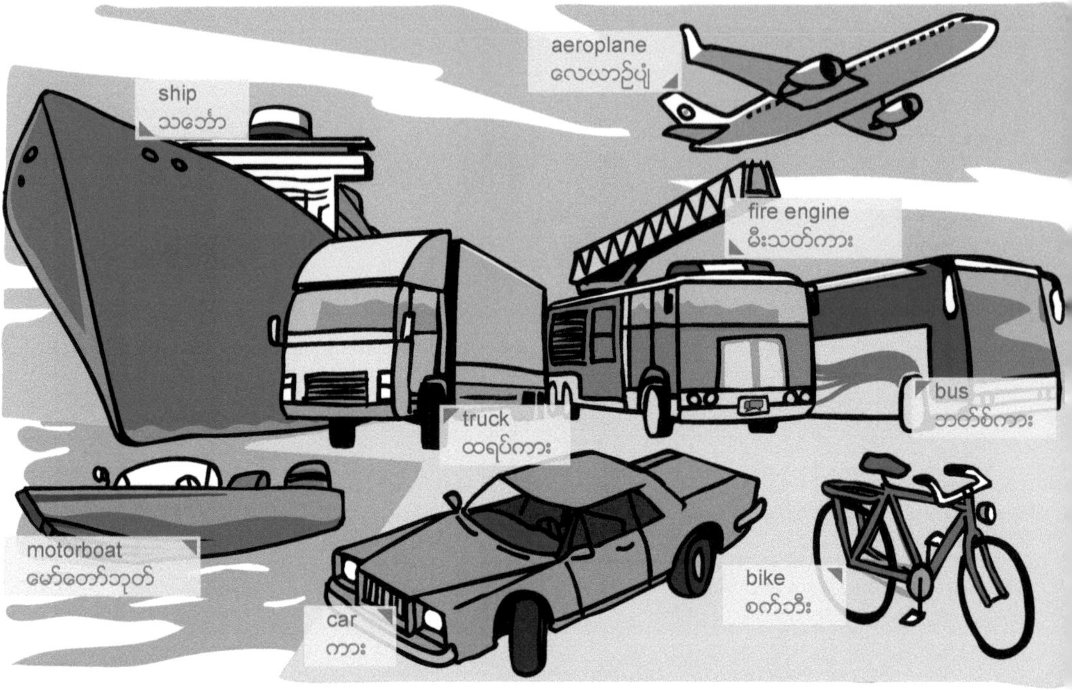
aeroplane
လေယာဉ်ပျံ
ship
သင်္ဘော
fire engine
မီးသတ်ကား
bus
ဘတ်စ်ကား
truck
ထရပ်ကား
motorboat
မော်တော်ဘုတ်
bike
စက်ဘီး
car
ကား

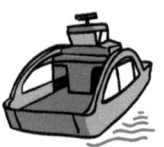

ferry
ဖယ်ရီသင်္ဘော

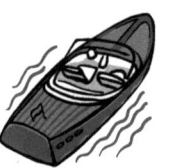

boat
လှေ

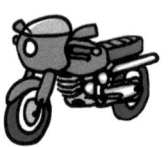

motorbike
မော်တော်ဆိုင်ကယ်

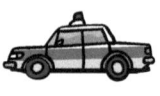

police car
ရဲကား

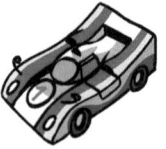

racing car
ပြိုင်ကား

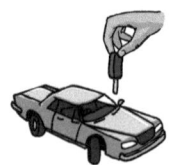

rental car
စင်းလုံးငှားကား

car sharing

ကားဝေမျှသုံးစွဲခြင်း

breakdown truck

ပျက်နေသော ထရပ်ကား

refuse truck

အမှိုက်သယ်ယာဉ်

motor

မော်တာ

fuel

လောင်စာ

petrol station

ဓာတ်ဆီဆိုင်

traffic sign

လမ်းကြောပြ ဆိုင်းဘုတ်

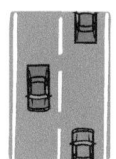

traffic

ယာဉ်အသွားအလာ

traffic jam

လမ်းကြောပိတ်ဆို့မှု

car park

ကားရပ်နားရာနေရာ

train station

ရထားဘူတာရုံ

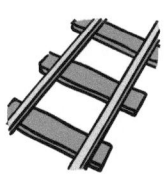

tracks

လမ်းကြောင်းများ

train

ရထား

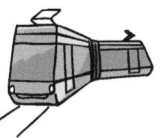

tram

ဓာတ်ရထား

carriage

ရထားလုံး

helicopter

ဟယ်လီကော်ပီတာ

airport

လေဆိပ်

tower

တာဝါ

passenger

ခရီးသည်

container

ထည့်စရာပုံး

carton

ကတ်ထူပုံး

cart

လှည်း

basket

ခြင်း

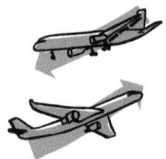

take off / land

ထွက်ခွာ / ဆိုက်ရောက်

city

မြို့တော်

village

ကျေးရွာ

city centre

မြို့လယ်ခေါင်

house

အိမ်

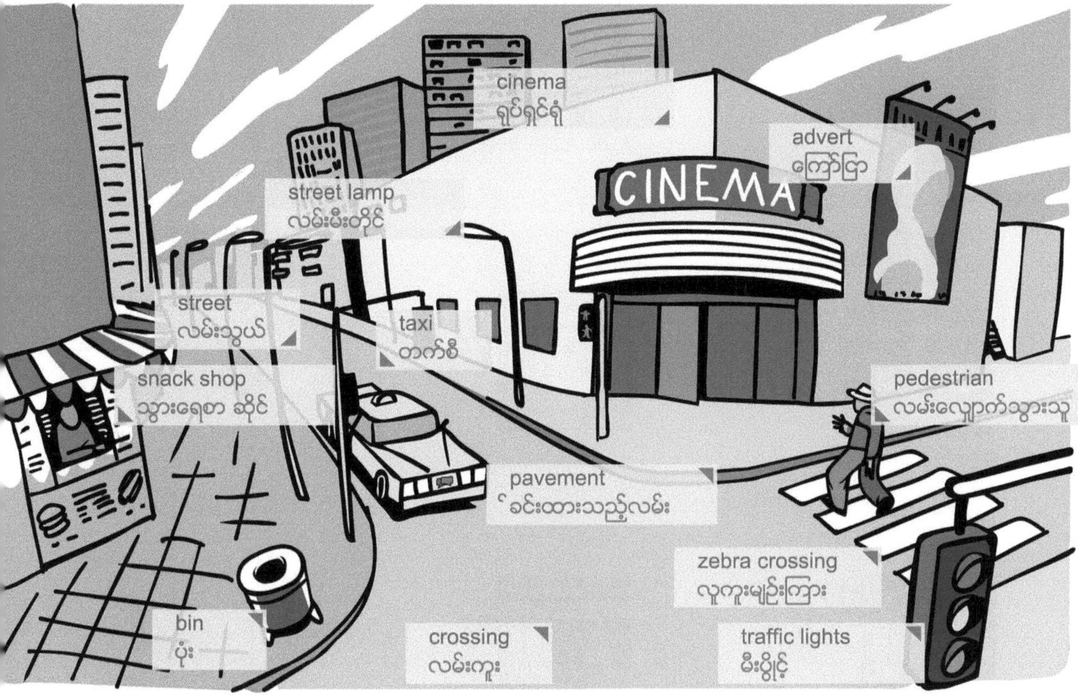

CINEMA
cinema
ရုပ်ရှင်ရုံ
advert
ကြော်ငြာ
street lamp
လမ်းမီးတိုင်
street
လမ်းသွယ်
taxi
တက်စီ
snack shop
သွားရေစာ ဆိုင်
pedestrian
လမ်းလျှောက်သွားသူ
pavement
်ခင်းထားသည့်လမ်း
zebra crossing
လူကူးမျဉ်းကြား
bin
ပုံး
crossing
လမ်းကူး
traffic lights
မီးပွိုင့်

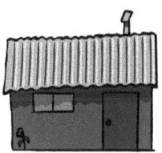

hut

တဲအိမ်

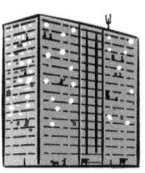

flat

နေအိမ်ခန်း

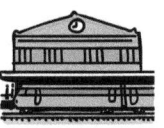

train station

ရထားဘူတာရုံ

town hall

မြို့တော်ခန်းမ

MUSEUM

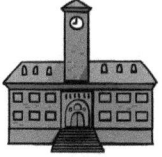

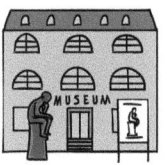

museum

ပြတိုက်

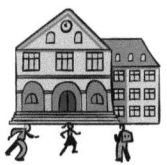

school

ကျောင်း

university

တက္ကသိုလ်

bank

ဘဏ်

hospital

ဆေးရုံ

hotel

ဟိုတယ်

pharmacy

ဆေးဆိုင်

office

ရုံးခန်း

book shop

စာအုပ်ဆိုင်

shop

ဆိုင်

florist's

ပန်းရောင်းသူ၏

supermarket

စူပါမားကတ်

market

ဈေး

department store

ပစ္စည်းမျိုးစုံရောင်းသည့်
စတိုးဆိုင်ကြီး

fishmonger's

ငါးရောင်းသူ၏

shopping centre

ဈေးဝယ်စင်တာ

harbour

သင်္ဘောဆိပ်

city - မြို့တော်

park

အနားယူပန်းခြံ

bench

ထိုင်ခုံတန်း

bridge

တံတား

stairs

လှေကားထစ်များ

underground

မြေအောက်

tunnel

ဥမင်လိုင်ခေါင်း

bus stop

ဘတ်စ်ကားမှတ်တိုင်

bar

ဘား

restaurant

စားသောက်ဆိုင်

postbox

စာတိုက်သေတ္တာ

street sign

လမ်းဆိုင်းဘုတ်

parking meter

ကားရပ်နားခ ကောက်ခံသည့်
မီတာ

zoo

တိရစ္ဆာန်ရုံ

swimming pool

ရေကူးကန်

mosque

ဗလီ

city - မြို့တော်

farm

လယ်ယာ

pollution

ညစ်ညမ်းမှု

graveyard

သချိုင်းကုန်း

church

ဘုရားရှိခိုးကျောင်း

playground

ကစားကွင်း

temple

ဘုရားကျောင်း

landscape

ရှုခင်း

signpost
ဆိုင်းဘုတ်

way
လမ်း

meadow
မြက်ခင်း

stone
ကျောက်တုံး

tree
သစ်ပင်

hiker
တောင်တက်သမား

river
မြစ်

grass
မြက်

flower
ပန်း

valley

တောင်ကြား

hill

တောင်ကုန်း

lake

ရေကန်

forest

သစ်တော

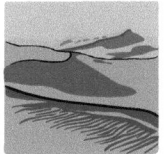

desert

သဲကန္တာရ

volcano

မီးတောင်

castle

ရဲတိုက်

rainbow

သက်တန့်

mushroom

မှို

palm tree

ထန်းပင်

mosquito

ခြင်

fly

ယင်ကောင်/သန်းသည်

ant

ပုရွက်ဆိတ်

bee

ပျား

spider

ပင့်ကူ

beetle

ပိုးတောင်မာ

frog

ဖား

squirrel

ရှဉ့်

hedgehog

ဖြူကောင်

hare

ယုန်

owl

ဇီးကွက်

bird

ငှက်

swan

ငန်း

boar

တောဝက်

deer

သမင်

moose

ချိုပြားဒရယ်

dam

ဆည်

wind turbine

လေအားသုံး
လျှပ်စစ်ဓာတ်အားပေးစက်

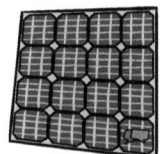

solar panel

နေရောင်ခြည်ခံပြား

climate

ရာသီဥတု

restaurant
စားသောက်ဆိုင်

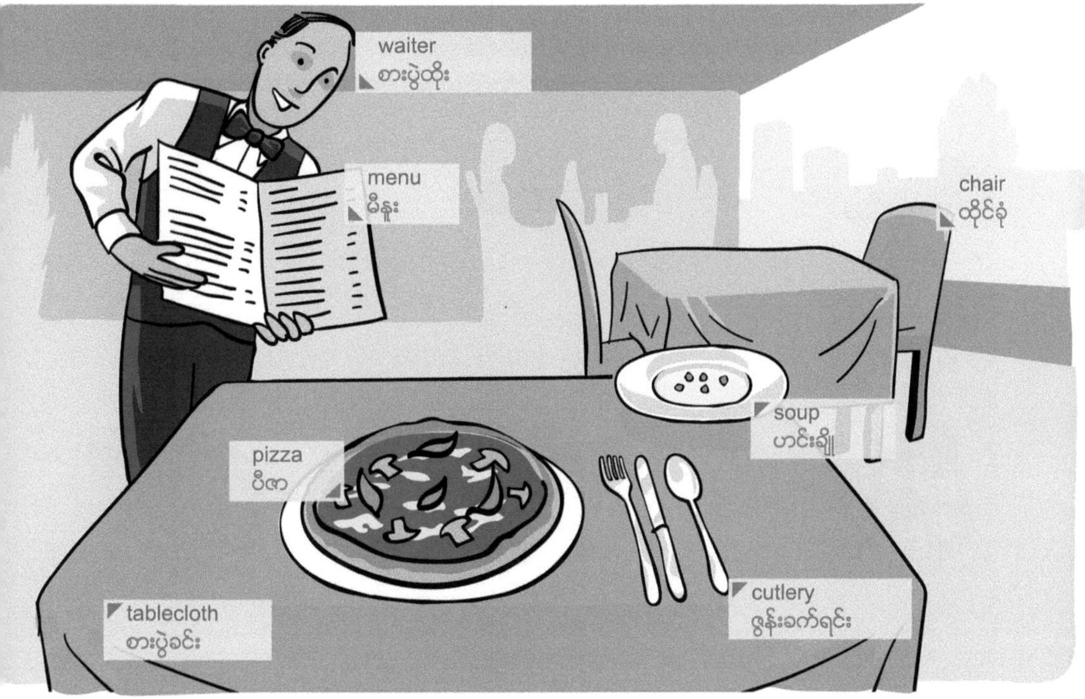

waiter
စားပွဲထိုး
menu
မီနူး
chair
ထိုင်ခုံ
soup
ဟင်းချို
pizza
ပီဇာ
cutlery
ဇွန်းခက်ရင်း
tablecloth
စားပွဲခင်း

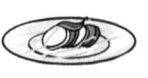

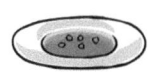

starter
ပထမဆုံး စစားသည့် အစာ

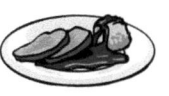

main course
ပင်မ အစာ

dessert
အချိုပွဲ

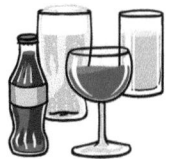

drinks
သောက်စရာများ

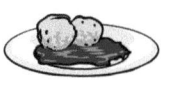

food
အစားအစာ

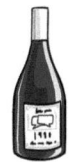

bottle
ပုလင်း

fast food

အသင့်ပြင်ပြီးသား အစားအစာ

street food

လမ်းဘေးအစားအစာ

teapot

လက်ဖက်ရည်အိုး သို့မဟုတ်
ရေနွေးကြမ်းအိုး

sugar bowl

သကြားအိုး

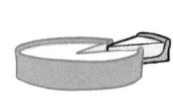

portion

တစ်ယောက်စာ

espresso machine

အက်စက်ပရက်ဆို ကော်ဖီစက်

high chair

ထိုင်ခုံအမြင့်

bill

ငွေတောင်းခံလွှာ

tray

ပန်း

knife

ဓါး

fork

ခက်ရင်း

spoon

ဇွန်း

teaspoon

လက်ဖက်ရည်ဇွန်း

serviette

လက်သုတ်ပုဝါ

glass

ရေသောက်ဖန်ခွက်

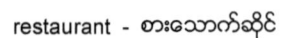

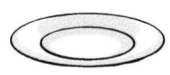

plate

ပန်းကန်ပြား

soup plate

ဟင်းချိုပန်းကန်ပြား

saucer

ပန်းကန်ပြား

sauce

ဆော့စ်

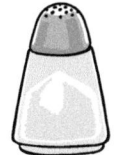

salt pot

ဆားအိုး

pepper mill

ငရုတ်ကောင်း ချေစက်

vinegar

ရှာလကာရည်

oil

ဆီ

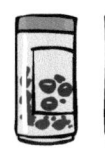

spices

ဟင်းခတ်အမွှေးအကြိုင်

ketchup

ခရမ်းချဉ်သီးဆော့စ်

mustard

မုန်ညင်းဆီဆော့စ်

mayonnaise

မယိုးနိစ်

supermarket
စူပါမားကတ်

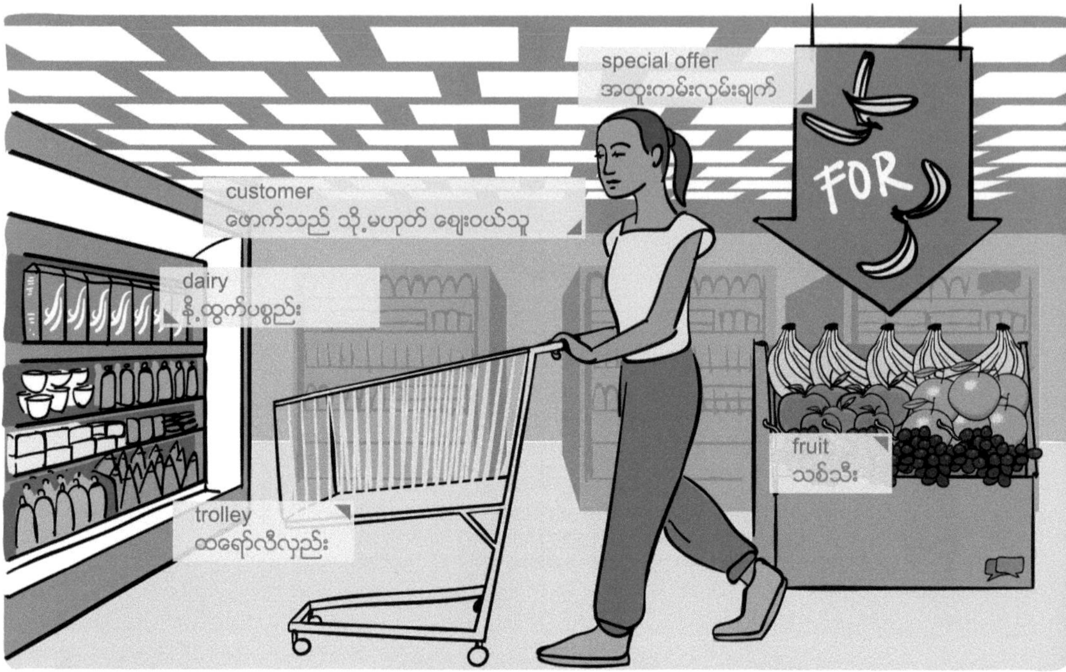

special offer
အထူးကမ်းလှမ်းချက်
FOR
customer
ဖောက်သည် သို့မဟုတ် ဈေးဝယ်သူ
dairy
နို့ထွက်ပစ္စည်း
fruit
သစ်သီး
trolley
ထရော်လီလှည်း

BUTCHERS

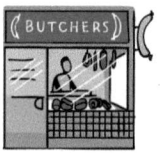

butcher´s

သားသတ်သမား၏

BAKERY

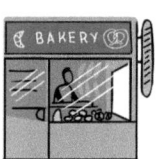

baker´s

မုန့်ဖုတ်သမား၏

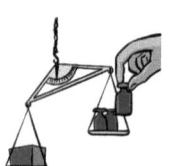

weigh

အလေးချိန်သည်

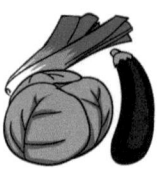

vegetables

ဟင်းသီးဟင်းရွက်

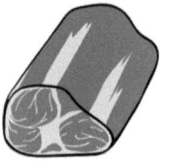

meat

အသား

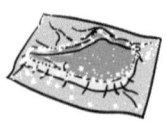

frozen food

အေးခဲထားသည့် အစားအစာ

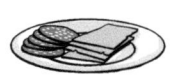

cold meat

ပြင်ဆင်ထားသော အသားအေး

tinned food

သံဗူးသွပ် အစားအစာ

washing powder

ဆပ်ပြာမှုန့်

sweets

သကြားလုံးများ

household products

အိမ်သုံး ပစ္စည်းများ

cleaning products

သန့်ရှင်းရေး ပစ္စည်းများ

salesperson

ဈေးရောင်းသူ

till

အထိ

cashier

ငွေကိုင်

shopping list

ဈေးဝယ်စာရင်း

opening hours

ဖွင့်ချိန်နာရီများ

wallet

အိတ်ဆောင် ပိုက်ဆံအိတ်

credit card

အကြွေးဝယ်ကတ်

bag

အိတ်

plastic bag

ပလတ်စတစ်အိတ်

drinks
သောက်စရာများ

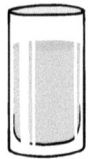

water
....
ရေ

juice
....
သစ်သီးဖျော်ရည်

milk
....
နွားနို့

coke
....
ကိုကာကိုလာ

wine
....
ဝိုင်

beer
....
ဘီယာ

alcohol
....
အရက်

cocoa
....
ကိုကိုးမှုန့်

tea
....
လက်ဖက်ရည် သို့ မဟုတ်
ရေနွေးကြမ်း

coffee
....
ကော်ဖီ

espresso
....
အက်စ်ပရက်ဆို ကော်ဖီ

cappuccino
....
ကပူချီနိုကော်ဖီ

banana

ငှက်ပျောသီး

apple

ပန်းသီး

orange

လိမ္မော်သီး

melon

ဖရဲသီးမျိုးဝင်

lemon

သံပုရိုသီး

carrot

မုန်လာဥနီ

garlic

ကြက်သွန်ဖြူ

bamboo

မျှစ်

onion

ကြက်သွန်နီ

mushroom

မှို

nuts

ပဲစေ့များ

noodles

ခေါက်ဆွဲ

spaghetti

စပါဂတီ ခေါ် အီတလီ ခေါက်ဆွဲ

rice

ထမင်း

salad

ဆလပ်ရွက်သုတ်

chips

အကြွပ်ကြော်များ

fried potatoes

အာလူးကြော်

pizza

ပီဇာ

hamburger

ဟမ်ဘာဂါ

sandwich

အသားညှပ်ပေါင်မုန့်

cutlet

ကတ်တလိပ်

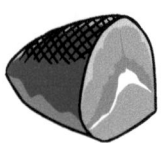

ham

ဝက်ပေါင်ခြောက်

salami

ဆလာမီ

sausage

ဝက်အူချောင်း

chicken

ကြက်သား

roast

ရှို့စ်လုပ်ခြင်း

fish

ငါး

porridge oats

ကွေကာအုတ်

muesli

မျူးစလီ

cornflakes

ပြောင်းဆေ့ပြား

flour

ဂျုံမှုန့်

croissant

ခရာဆွန်း ခေါ်
ပြင်သစ်ပေါင်မုန့်တစ်မျိုး

bread roll

ပေါင်မုန့်လိပ်

bread

ပေါင်မုန့်

toast

ပေါင်မုန့် မီးကင်

biscuits

ဘီစကစ်

butter

ထောပတ်

curd

ဒိန်ခဲ

cake

ကိတ်မုန့်

egg

ဥ

fried egg

ဥကြော်

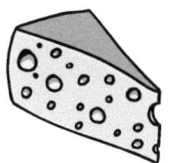

cheese

ချိစ်

ice cream

ရေခဲမုန့်

sugar

သကြား

honey

ပျားရည်

jam

ယို

chocolate spread

ယိုသုတ်စားသည့် ချောကလက်

curry

ဟင်း

goat

ဆိတ်

cow

နွားမ

calf

နွားလေး

pig

ဝက်

piglet

ဝက်ကလေး

bull

နွားထီး

goose

ဘဲငန်း

duck

ဘဲ

chick

ကြက်ပေါက်ကလေး

hen

ကြက်မ

cock

ကြက်ဖ

rat

ကြွက်

cat

ကြောင်

mouse

ကြွက်ကလေး

ox

နွားထီး

dog

ခွေး

doghouse

ခွေးအိမ်

garden hose

ပန်းခြံရေပိုက်

watering can

ရေလောင်းသည့်ခွက်

scythe

တံစဉ်အပြားကြီး

plough

ထယ်

farm - လယ်ယာ

sickle
တံစဉ်

hoe
ပေါက်ပြား

pitchfork
ကောက်ဆွ

axe
ပေါက်ချွန်း

wheelbarrow
ဘီးတပ် လက်တွန်းလှည်း

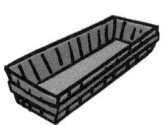

trough
စားခွက်

milk can
နို့ပုံး

sack
အိတ်

fence
ခြံစည်းရိုး

stable
မြင်းဇောင်း

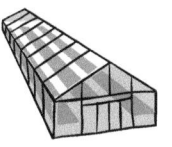

greenhouse
မှန်လုံအိမ်

soil
မြေကြီး

seed
အစေ့

fertilizer
မြေဩဇာ

combine harvester
စုပေါင်း ရိတ်သိမ်းသူ

harvest

ရိတ်သိမ်းသည်

harvest

ရိတ်သိမ်းသည်

yams

ဝီလောပိန်

wheat

ဂျုံ

soy

ႆပဲပုပ်

potato

အာလူး

corn

ပြောင်း

rapeseed

နံစားပြောင်းဆီ

fruit tree

အသီးပင်

cassava

ဝီလောပိန်

cereals

စီရီရယ် ခေါ် နံနက်စာတစ်မျိုး

house
အိမ်

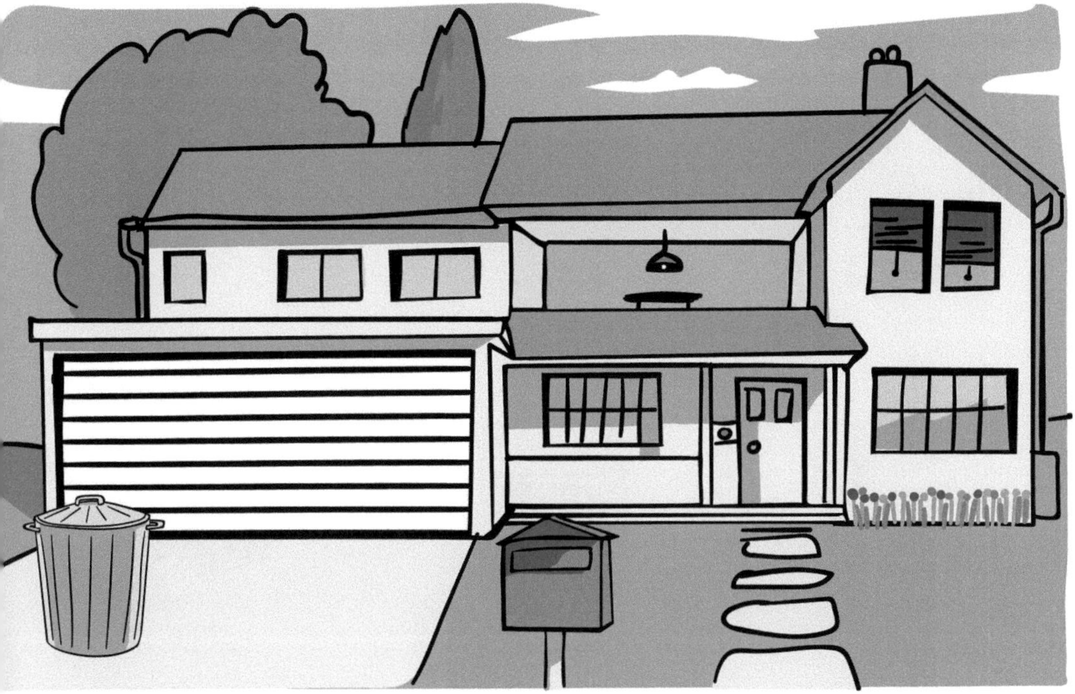

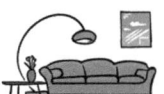

living room

ဧည့်ခန်း

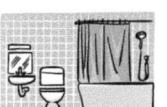

bathroom

ရေချိုးခန်း

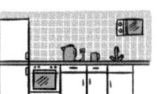

kitchen

မီးဖိုချောင်

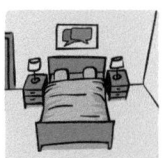

bedroom

အိပ်ခန်း

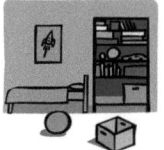

child's room

ကလေး အခန်း

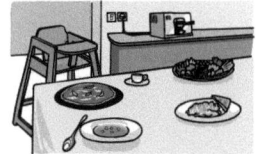

dining room

ထမင်းစားခန်း

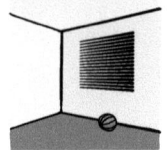

floor

ကြမ်းပြင်

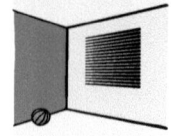

wall

နံရံ

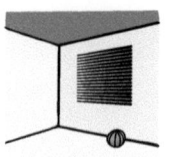

ceiling

မျက်နှာကြက်

cellar

မြေအောက်ခန်း

sauna

ချွေးထုတ်ခန်း

balcony

ဝရန်တာ

terrace

ဝရန်တာ

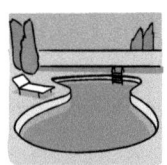

pool

ရေကူးကန်

lawn mower

မြက်ရိတ်စက်

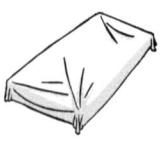

sheet

အချပ်

bedspread

အိပ်ယာခင်း

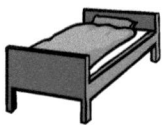

bed

အိပ်ယာ

broom

တံမြက်စည်း

bucket

ရေပုံး

switch

မီးခလုတ်

living room
ဧည့်ခန်း

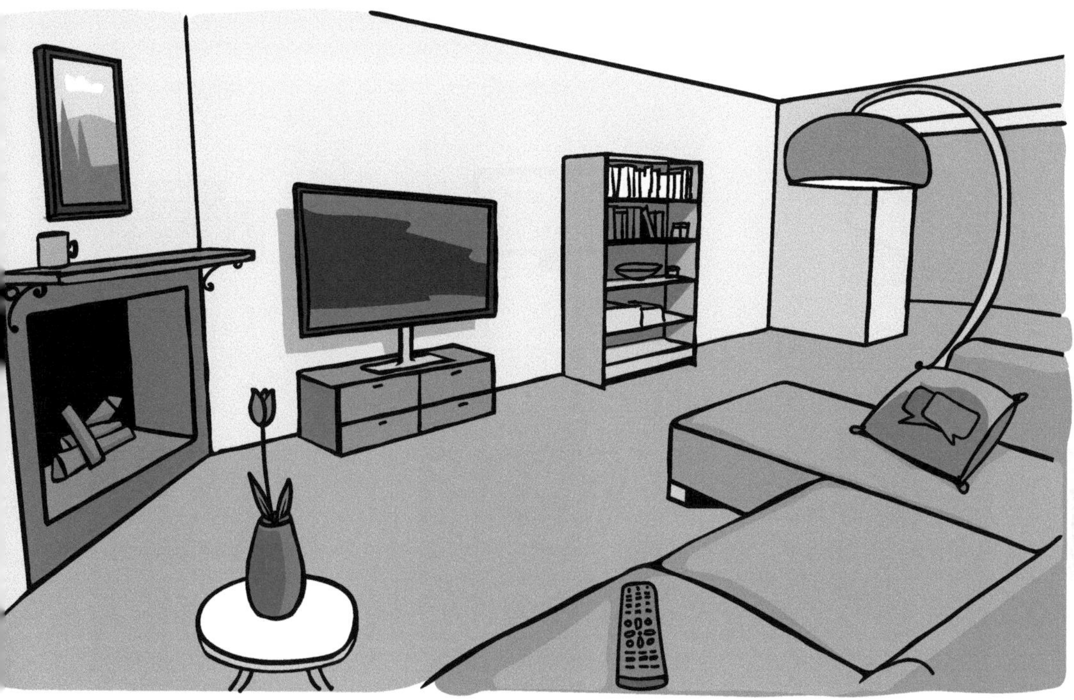

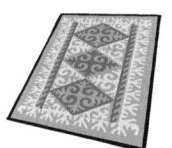

carpet

ကော်ဇော

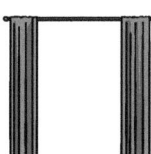

curtain

ကန့်လန့်ကာ

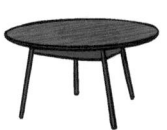

table

စားပွဲခုံ သို့မဟုတ် ဇယား

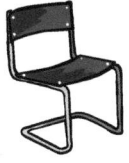

chair

ထိုင်ခုံ

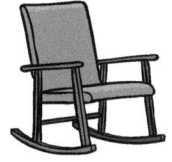

rocking chair

ရှေ့နောက် ယိမ်းနိုင်သည့် ထိုင်ခုံ

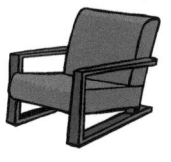

armchair

လက်တင်ထိုင်ခုံ

book

စာအုပ်

blanket

စောင်

decoration

အပြင်အဆင်

firewood

ထင်း

film

ဖလင် သို့မဟုတ် ရုပ်ရှင်

hi-fi equipment

ဟိုင်ဖိုင် ကိရိယာ

key

သော့

newspaper

သတင်းစာ

painting

ပန်းချီကား

poster

ပိုစတာ

radio

ရေဒီယို

notepad

မှတ်စုစာရွက်အုပ်

hoover

ဖုံစုပ်စက်

cactus

ရှားစောင်းပင်

candle

ဖယောင်းတိုင်

kitchen
မီးဖိုချောင်

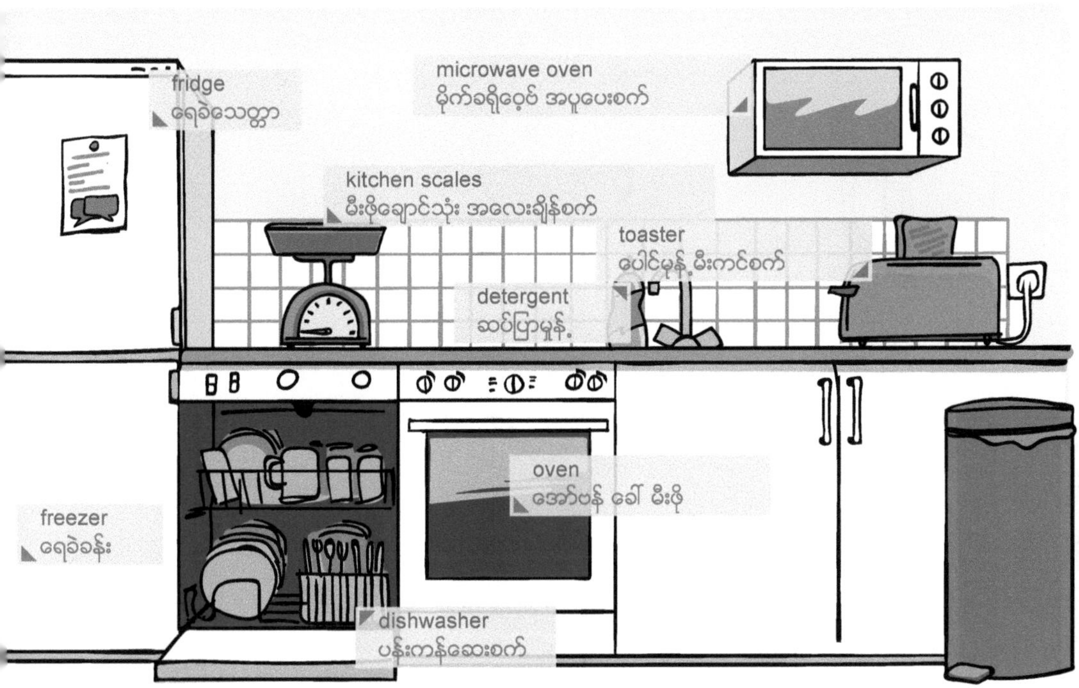
fridge
ရေခဲသေတ္တာ
microwave oven
မိုက်ခရိုဝေ့ဗ် အပူပေးစက်
kitchen scales
မီးဖိုချောင်သုံး အလေးချိန်စက်
toaster
ပေါင်မုန့် မီးကင်စက်
detergent
ဆပ်ပြာမှုန့်
oven
အော်ဗန် ခေါ် မီးဖို
freezer
ရေခဲခန်း
dishwasher
ပန်းကန်ဆေးစက်

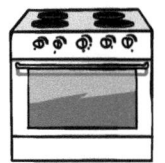

cooker

လျှပ်စစ် ချက်ပြုတ်အိုး

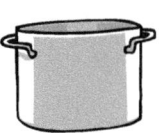

pot

အိုး

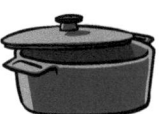

cast-iron pot

သံအိုးကြီး

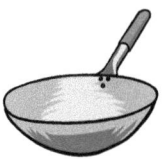

wok / kadai

မွှေကြော်သည့် ဒယ်အိုးကြီး / ကာဒိုင်

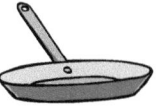

pan

ဒယ်အိုး

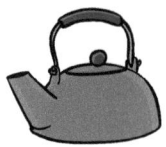

kettle

ရေနွေးတည်သည့်အိုး

steamer

ပေါင်းစက်

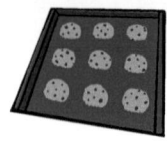

baking tray

မုန့်ဖုတ်သည့် ပန်း

crockery

ကြွေပန်းကန်ပြား ခွက်ယောက်

mug

မတ်ခွက်

bowl

ဇလုံပန်းကန်

chopsticks

အစာစားသည့်တူများ

ladle

ယောက်ချို

spatula

မွှေသည့်အတံ

whisk

ခေါက်တံ

strainer

စစ်သည့် အရာ

sieve

စကာ

grater

ခြစ်သည့်ကိရိယာ

mortar

ကြိတ်ဆုံ

barbecue

ဘာဘီကျူးကင်

open fire

ထင်းမီးဖို

chopping board

စင်းနီးတုံး

rolling pin

လည်နေသောပင်

corkscrew

ဖော့ဆို့

can

သံဗူး

can opener

သံဗူးဖောက်တံ

pot holder

အိုးတင်သည့်အရာ

sink

ရေဆေးသည့် နေရာ

brush

စုပ်တံ

sponge

ရေမြုပ်

blender

မွှေသည့်စက်

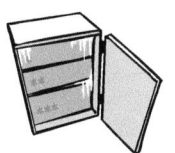

deep freezer

အေးခဲသည့် ရေခဲခန်း

baby bottle

ကလေးနို့ဗူး

tap

ရေပိုက်ခေါင်း

bathroom
ရေချိုးခန်း

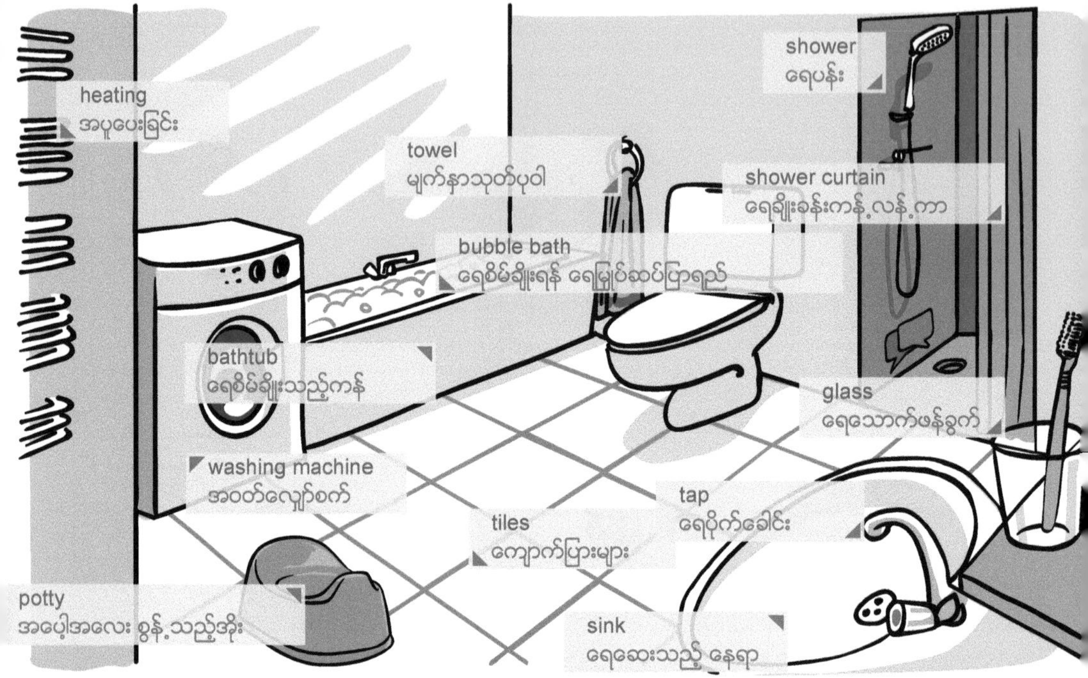

heating
အပူပေးခြင်း
towel
မျက်နှာသုတ်ပုဝါ
shower
ရေပန်း
shower curtain
ရေချိုးခန်းကန့်လန့်ကာ
bubble bath
ရေစိမ်ချိုးရန် ရေမြှုပ်ဆပ်ပြာရည်
bathtub
ရေစိမ်ချိုးသည့်ကန်
glass
ရေသောက်ဖန်ခွက်
washing machine
အဝတ်လျှော်စက်
tap
ရေပိုက်ခေါင်း
tiles
ကျောက်ပြားများ
potty
အပေါ့အလေး စွန့်သည့်အိုး
sink
ရေဆေးသည့် နေရာ

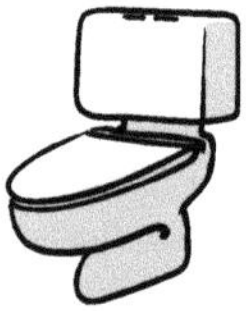

toilet

အိမ်သာ

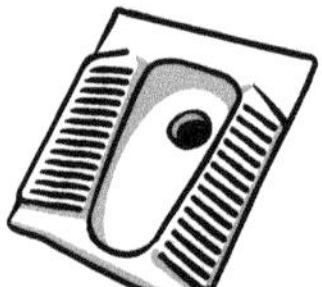

squat toilet

ဆောင့်ကြောင့်ထိုင်ရသည့် အိမ်သာ

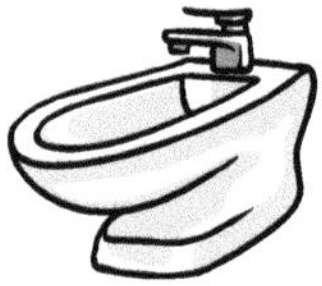

bidet

အမျိုးသမီးသုံး အောက်ပိုင်းဆေးသည့် ကမုတ်

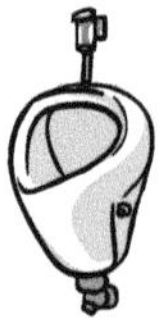

urinal

အမျိုးသား ဆီးသွားသည့်ကမုတ်

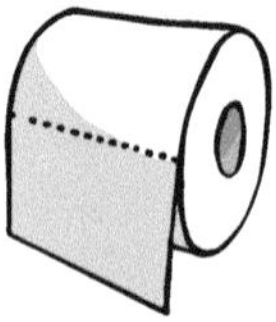

toilet paper

အိမ်သာသုံး စက္ကူ

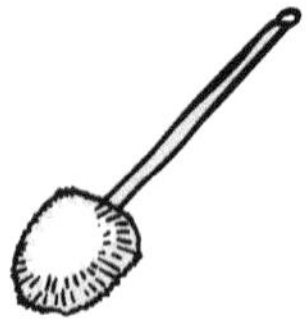

toilet brush

အိမ်သာတိုက် ဘရပ်ရှ်

toothbrush
သွားတိုက်တံ

toothpaste
သွားတိုက်ဆေး

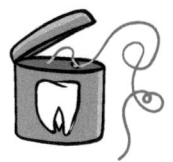

dental floss
သွား ချေးထုတ်သည့် ကြိုး

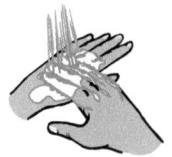

wash
ဆေးကြောသည်

handheld shower
လက်ကိုင် ရေပန်း

douche
ရေပန်းဖြင့်ရေချိုးခြင်း

basin
ရေအင်တုံ

back brush
နောက်ကျော ချေးတွန်းသည့်
ဘရပ်ရှ်

soap
ဆပ်ပြာ

shower gel
ရေချိုးဆပ်ပြာရည်

shampoo
ခေါင်းလျှော်ရည်

flannel
ဖလန်နယ်စ

drain
ရေထွက်ပေါက်

cream
ခရင်မ်

deodorant
ဒီအော်ဒရန့်၊ ခေါ်
ကိုယ်လိမ်းအမွေးနံ့သာ

mirror
မှန်

hand mirror
လက်ကိုင်မှန်

razor
မုတ်ဆိတ်ရိတ်တံ

shaving foam
မုတ်ဆိတ်ရိတ်ရန် အမြှုပ်

aftershave
မုတ်ဆိတ်ရိတ်ပြီး
လိမ်းသည့်အမွှေးနံ့သာ

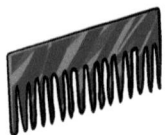

comb
ခေါင်းဘီး

brush
ဘရပ်ရှ်

hair dryer
ဆံပင်ခြောက်စက်

hairspray
ဆံပင်ဖြန်းဆေး

makeup
မိတ်ကပ်

lipstick
နှုတ်ခမ်းဆိုးဆေး

nail varnish
လက်သည်းဆိုးဆေး

cotton wool
ဝွမ်းလုံး

nail scissors
လက်သည်းညှပ် ကပ်ကြေး

perfume
ရေမွှေး

washbag

ရေချိုးခန်းသုံး အိတ်

stool

ခွေးခြေ

weighing scale

ကိုယ်အလေးချိန်တိုင်းသည့်စက်

bathrobe

ရေချိုးပြီး ဝတ်သည့်ဝတ်ရုံ

rubber gloves

ရာဘာ လက်အိတ်များ

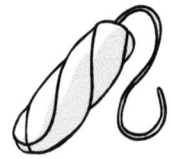

tampon

တန်ပွန် ခေါ် ဓမ္မတာလာစဉ် မိန်း
မကိုယ်တွင်းထည့်သည့်အရာ

sanitary towel

အမျိုးသမီး လစဉ်သုံးပုဝါစ

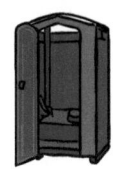

chemical toilet

ဓာတုပစ္စည်းထည့်သုံးသည့်
အိမ်သာ

child's room
ကလေး အခန်း

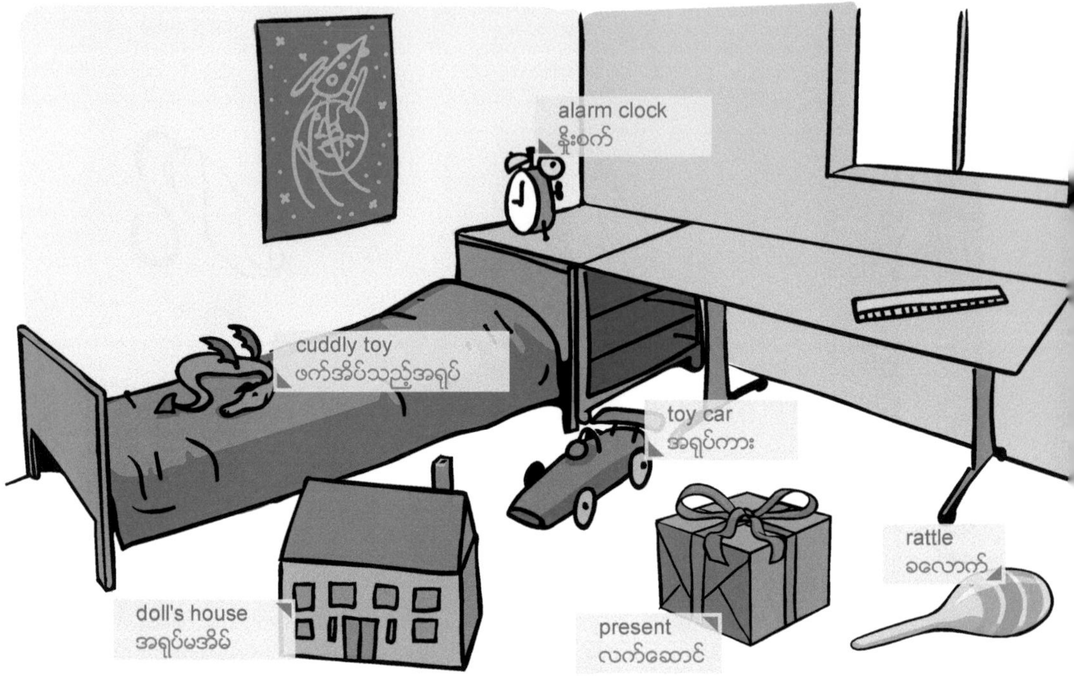
alarm clock
နှိုးစက်
cuddly toy
ဖက်အိပ်သည့်အရုပ်
toy car
အရုပ်ကား
rattle
ခလောက်
doll's house
အရုပ်မအိမ်
present
လက်ဆောင်

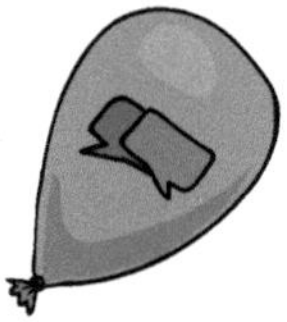

balloon

ပူဖောင်း

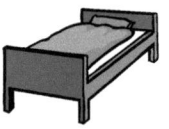

bed

အိပ်ယာ

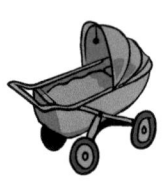

pram

ကလေးတွန်းလှည်း

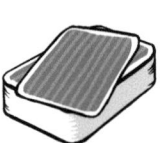

deck of cards

ကစားသည့်ကတ်ထုပ်

jigsaw

ဂျစ်ဆော ခေါ်
ဆက်၍ကစားသည့်
အပိုင်းအစများ

SUPER
MEGA

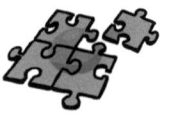

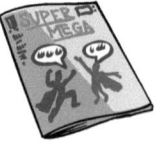

comic

ရုပ်ပြစာအုပ်

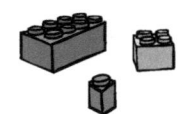

lego bricks

ဆောက်ရွှေ့ကစားသည့် လေဂို
အတုံးများ

building blocks

ဆောက်ရွှေ့ကစားသည့်
အတုံးများ

action figure

လှုပ်ရှားလှုပ်ကိုင်သူ

babygrow

ဘေဘီဂရိုး

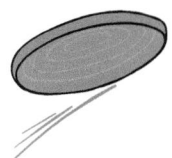

frisbee

ဖရစ်ဘီး ခေါ် ပစ်၍ ကစားသည့်
အပြား

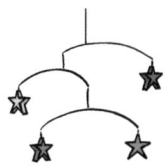

mobile

ရွှေ့လျားနိုင်သော

board game

ဘုတ်ပြားပေါ် တွင် ကစားနည်း

dice

အံစာတုံး

model train set

ကစားစရာ ရထား အစုံမော်ဒယ်

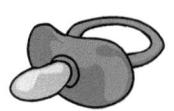

dummy

အရုပ်

party

ပါတီ

picture book

ရုပ်ပြစာအုပ်

ball

ဘောလုံး

doll

အရုပ်မ

play

ကစားသည်

sandpit

ကစားသည့် သဲပုံး

swing

ဒန်း

toys

အရုပ်များ

video game console

ဗွီဒီယိုဂိမ်းကစားသည့် စက်

tricycle

သုံးဘီး စက်ဘီး

teddy bear

တက်ဒီ ဝက်ဝံရုပ်

wardrobe

အဝတ်ဗီရို

clothing
အဝတ်အစား

socks

ခြေအိတ်များ

stockings

အမျိုးသမီးဝတ် ခြေအိတ်ရှည်

tights

အမျိုးသမီး ခြေအိတ်အကြပ်

scarf
ပုဝါ

umbrella
ထီး

t-shirt
တီရှပ်

belt
ခါးပတ်

boots
ဘွတ်ဖိနပ်များ

slippers
ခြေညှပ်ဖိနပ်များ

trainers
အားကစားဖိနပ်များ

sandals
ခြေစွပ် နောက်ပိတ်ဖိနပ်

shoes
ရှူးဖိနပ်များ

rubber boots
ရာဘာ ဘွတ်ဖိနပ်များ

underpants
အောက်ခံ အဝတ်များ

bra
ဘရာဇီယာ

vest
အပေါ်ထပ် လက်ပြတ်အကျီ

clothing - အဝတ်အစား

body

ကိုယ်ခန္ဓာ

trousers

ဘောင်းဘီရှည်

jeans

ဂျင်းဘောင်းဘီ

skirt

စကပ်

blouse

ဘလောက်စ်အင်္ကျီ

shirt

ရှပ်အင်္ကျီ

pullover

ခေါင်းစွပ်အင်္ကျီ

hoodie

ခေါင်းစွပ်ပါ အင်္ကျီ

blazer

ဘလေဇာကုတ်အင်္ကျီ

jacket

ဂျက်ကတ်အင်္ကျီ

coat

ကုတ်အင်္ကျီ

raincoat

မိုးကာ ကုတ်အင်္ကျီ

costume

ဝတ်စုံ

dress

ဂါဝန်

wedding dress

လက်ထပ် ဝတ်စုံ

suit
အနောက်တိုင်းဝတ်စုံပြည့်

nightgown
ညအိပ်အကျႌ

pyjamas
ညအိတ်ဝတ်စုံ

sari
ဆာရီ

headscarf
ခေါင်းအုပ်ပုဝါ

turban
တာဘန် ခေါ် ခေါင်းပေါင်း

burqa
ဘာကာခေါ်
အမျိုးသမီးခေါင်းအုပ်

kaftan
ကဖ်တန် ခေါ်
အမျိုးသားဝတ်ဘောင်းဘီ

abaya
အာဘာယာ ခေါ် မွတ်ဆလင်
အမျိုးသမီးဝတ်အကျႌ

swimsuit
ရေကူးဝတ်စုံ

trunks
အဝတ်သေတ္တာ

shorts
ဘောင်းဘီတို

tracksuit
အားကစားဝတ်စုံ

apron
ခါးစည်း အဝတ်

gloves
လက်အိတ်များ

button

ကြယ်သီး

glasses

မျက်မှန်

bracelet

လက်ကောက်

necklace

လည်ဆွဲ

ring

လက်စွပ်

earring

နားကပ်

cap

ခေါင်းဆောင်း ဦးထုပ်

coat hanger

ကုတ်အကျီ ချိတ်

hat

ဦးထုပ်

tie

နက်တိုင်

zip

ဇစ်

helmet

ဟဲလ်မက်ခေါ် ခေါင်းဆောင်း

braces

သွားထိန်းများ

school uniform

ကျောင်းဝတ်စုံ

uniform

ယူနီဖောင်းဝတ်စုံ

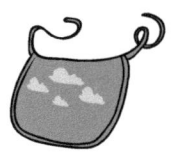

bib

သွားရည်ခံ

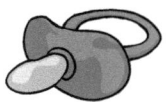

dummy

အရုပ်

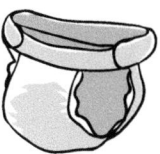

nappy

ကလေးအနှီး

office
ရုံးခန်း

server
ဆာဗာ
filing cabinet
ဖိုင်ထည့်သည့် ဗီရို
printer
ပရင်တာ
paper
စာရွက်
monitor
မော်နီတာ
mouse
မောက်စ်
desk
စာရေးစားပွဲခုံ
folder
စာရွက်ထည့်သည့် ခေါက်ဖိုင်
keyboard
ကီးဘုတ်
waste-paper basket
အမှိုက်စက္ကူပုံး
computer
ကွန်ပြူတာ
chair
ထိုင်ခုံ

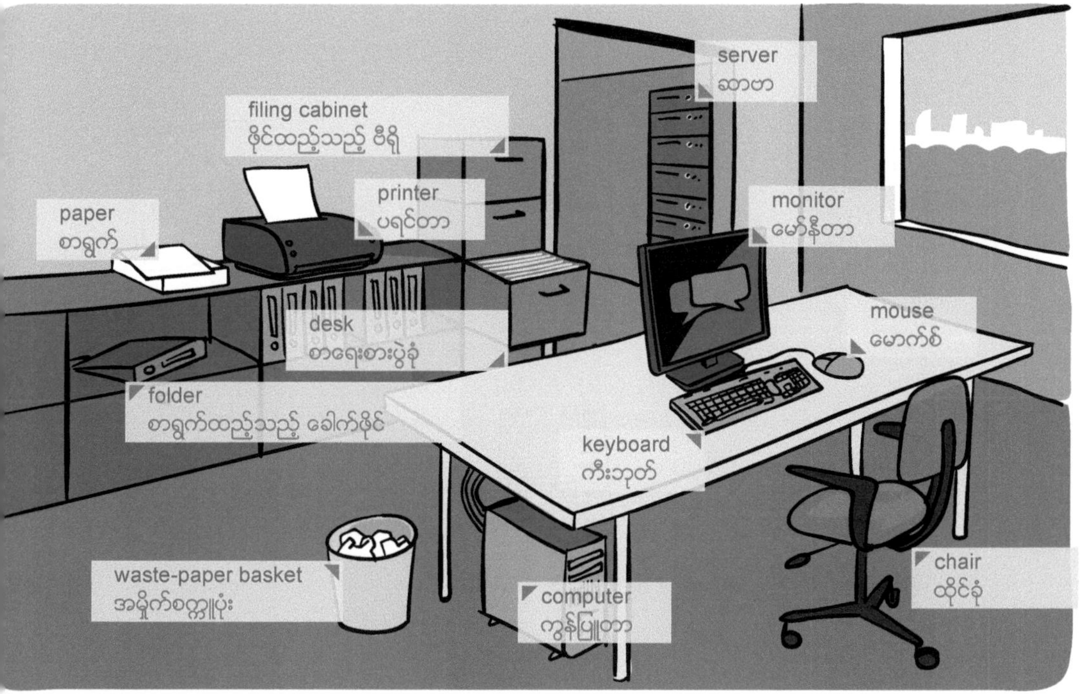

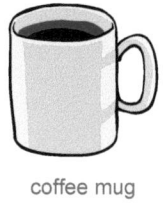

coffee mug

ကော်ဖီ မတ်ခွက်

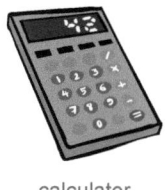

calculator

ဂဏန်းတွက်စက်

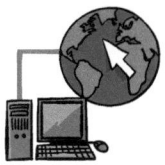

internet

အင်တာနက်

laptop

ပေါင်ပေါ်တင်ရိုက်နိုင်သည့်
ကွန်ပြူတာ

letter

စာ

message

မက်ဆေ့ချ်

mobile

မိုဘိုင်းဖုန်း

network

ကွန်ရက်

photocopier

မိတ္တူကူးစက်

software

ဆော့ဖ်ဝဲရ်

telephone

တယ်လီဖုန်း

plug socket

ပလပ်ပေါက်

fax machine

ဖက်စ်ပို့သည့်စက်

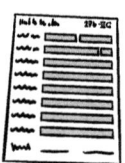

form

ပုံစံ

document

စာရွက်စာတမ်း

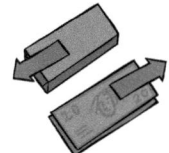

buy
ဝယ်ယူသည်

pay
ပေးအပ်သည်

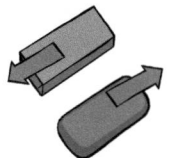

trade
ကုန်သွယ်သည်

money
ပိုက်ဆံ

dollar
ဒေါ်လာ

euro
ယူရိုငွေ

yen
ယန်းငွေ

rouble
ရူဘယ်ငွေ

Swiss franc
ဆွစ်ဇာလန်နိုင်ငံသုံးငွေ

renminbi yuan
ရမ်မင်ဘီ ယွမ်

rupee
ရူပီး

cashpoint
ငွေချေသည့်နေရာ

bureau de change

ငွေလဲလှယ်ဌာန

gold

ရွှေ

silver

ငွေ

oil

ဆီ

energy

စွမ်းအင်

price

ဈေးနှုန်း

contract

စာချုပ်

tax

အခွန်

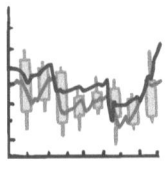

stock

စတော့ဈေးကွက်

work

အလုပ်လုပ်သည်

employee

ဝန်ထမ်း

employer

အလုပ်ရှင်

factory

စက်ရုံ

shop

ဆိုင်

occupations
အလုပ်အကိုင်များ

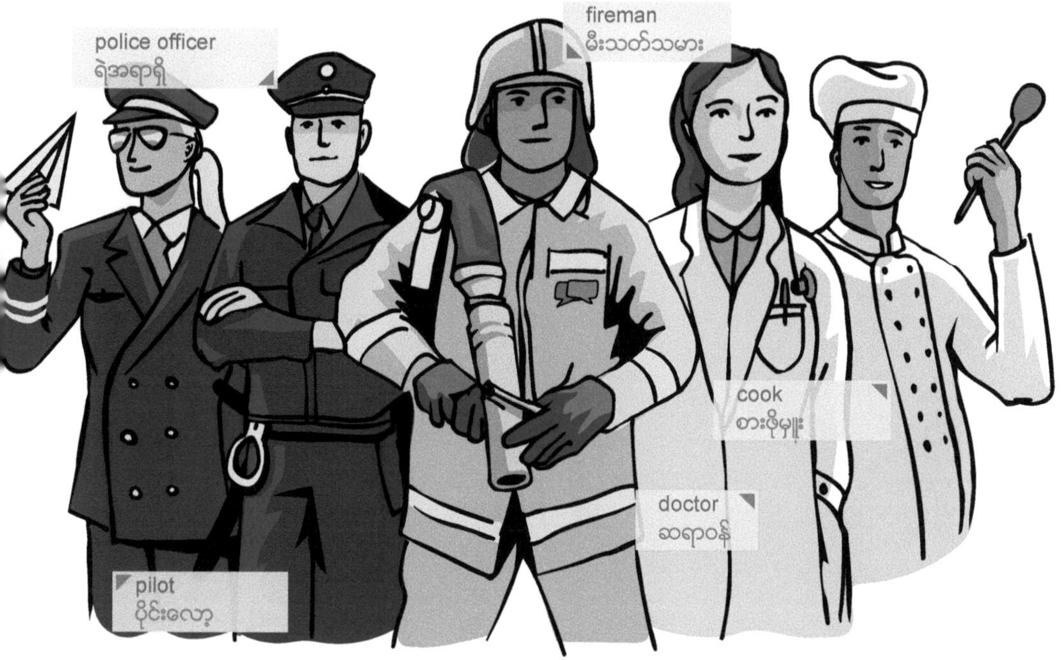
police officer
ရဲအရာရှိ
fireman
မီးသတ်သမား
cook
စားဖိုမှူး
doctor
ဆရာဝန်
pilot
ပိုင်းလော့

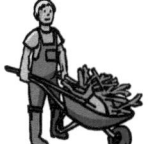

gardener

မာလီ

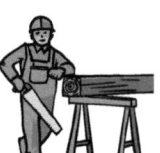

carpenter

လက်သမား

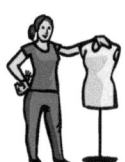

seamstress

စက်ချုပ်သူ

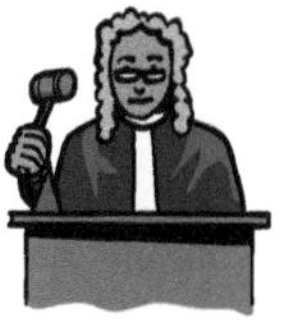

judge

တရားသူကြီး

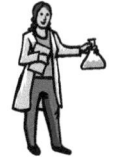

chemist

ဓာတုဗေဒပညာရှင်

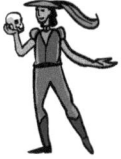

actor

သရုပ်ဆောင်

bus driver

ဘတ်စ်ကားမောင်းသမား

taxi driver

တက်စီမောင်းသူ

fisherman

ငါးဖမ်းသမား

cleaning lady

သန့်ရှင်းရေး အလုပ်သမ

roofer

အမိုးပြင်သူ

waiter

စားပွဲထိုး

hunter

အမဲလိုက်မှုဆိုး

painter

ဆေးသုတ်သမား သို့မဟုတ်
ပန်းချီဆရာ

baker

မုန့်ဖုတ်သမား

electrician

လျှပ်စစ်ပညာရှင်

builder

ဆောက်လုပ်ရေးသမား

engineer

အင်ဂျင်နီယာ

butcher

သားသတ်သမား

plumber

ပိုက်ဆက်ဆရာ

postman

စာပို့သမား

soldier

စစ်သား

architect

ဗိသုကာပညာရှင်

cashier

ငွေကိုင်

florist

ပန်းပညာရှင်

hairdresser

ဆံပင်အလှပြင်သူ

conductor

လက်မှတ်စစ်

mechanic

စက်ပြင်ဆရာ

captain

ကပ္ပတိန်

dentist

သွားဘက်ဆိုင်ရာ ဆရာဝန်

scientist

သိပ္ပံပညာရှင်

rabbi

ရာဘိုင်

imam

မွတ်ဆလင် တရားဟောဆရာ

monk

ဘုန်းကြီး

clergyman

တရားဟောဆရာ

tools
ကိရိယာ တန်ဆာပလာများ

hammer
တူ
pliers
ပလာယာများ
screwdriver
ဝက်အူလှို့
spanner
စပန်နာ
torch
လက်နှိပ်ဓာတ်မီး

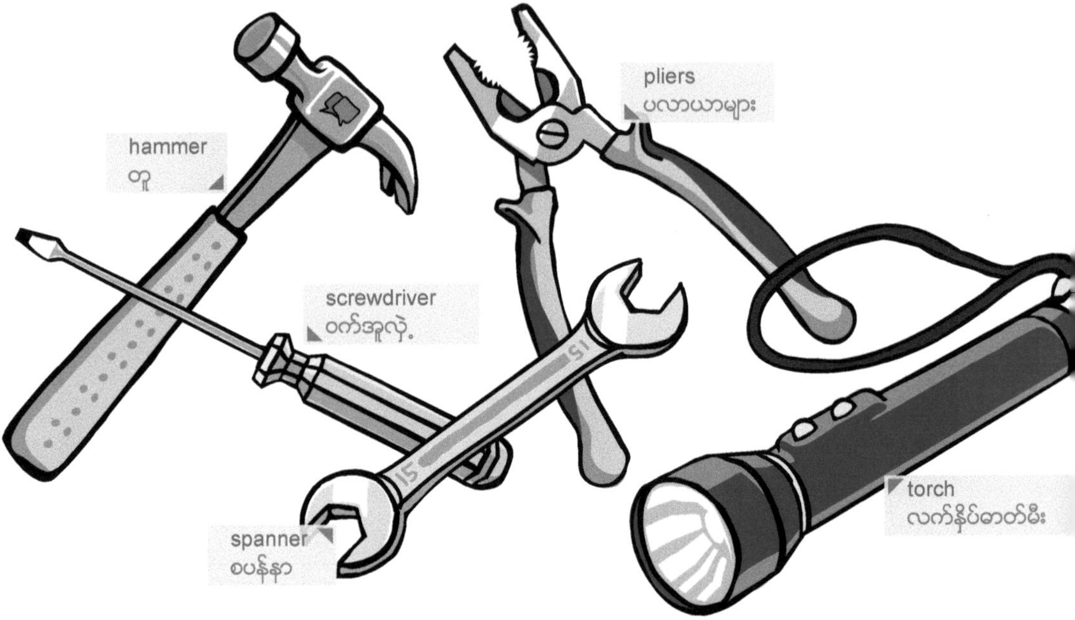

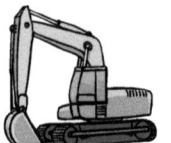

digger

မြေတူးစက်

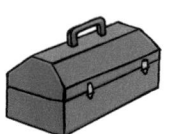

toolbox

လက်သမားသုံးကိရိယာ
သေတ္တာ

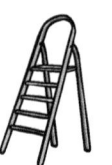

ladder

လှေကား

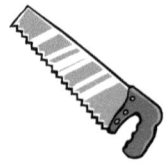

saw

လွှ

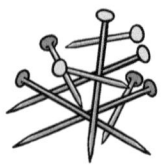

nails

လက်သည်းများ

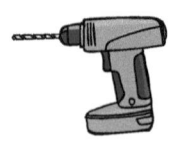

drill

အပေါက်ဖောက်စက်

repair

ပြင်ဆင်သည်

shovel

ဂေါ်ပြား

Damn!

ချီးတဲ့မှပဲ

dustpan

ဖုန်ကျုံးသည့် ဂေါ်ပြား

paint pot

ဆေးရောင်အိုး

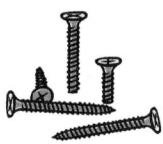

screws

ဝက်အူများ

musical instruments
ဂီတတူရိယာများ

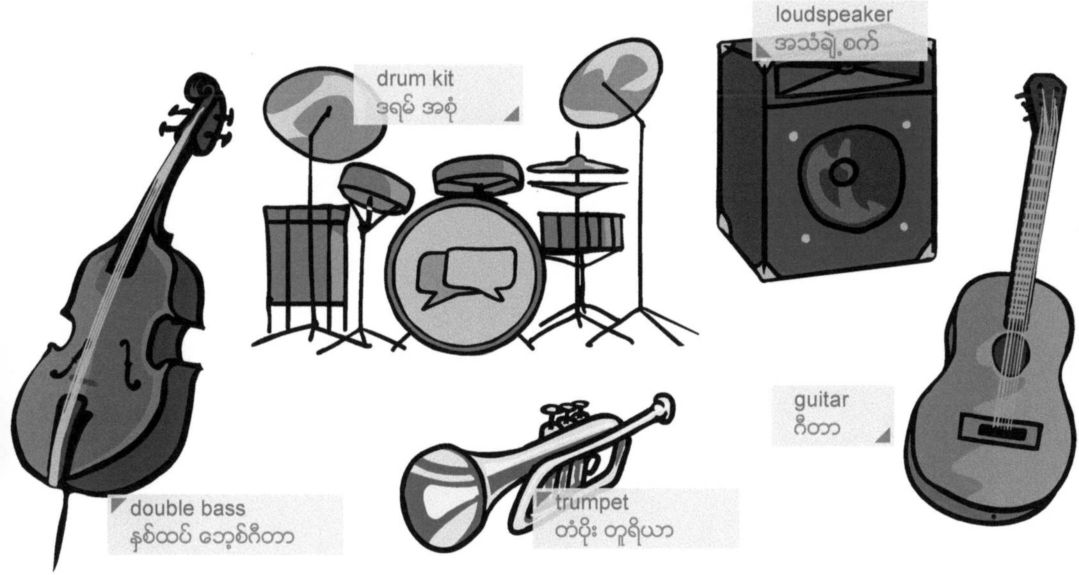

drum kit
ဒရမ် အစုံ

loudspeaker
အသံချဲ့ စက်

guitar
ဂီတာ

double bass
နှစ်ထပ် ဘော့စ်ဂီတာ

trumpet
တံပိုး တူရိယာ

piano

စန္တယား

violin

တယော

bass

ဘော့စ်ဂီတာ

timpani

နားစည်အမြေးပါး

drums

ဒရမ်များ

keyboard

ကီးဘုတ် တူရိယာ

saxophone

ဆက်ဆိုဖုန်း ခေါ်
လေမှုတ်တူရိယာ

flute

ပုလွေ

microphone

စကားပြောစက်

entrance ဝင်ပေါက်

tiger ကျား

cage လှောင်အိမ်

zebra မြင်းကျား

animal feed တိရိစ္ဆာန် အစားအစာ

panda ပင်ဒါ ဝက်ဝံ

animals

တိရိစ္ဆာန်များ

elephant

ဆင်

kangaroo

သားပိုက်ကောင်

rhino

ကြံ့

gorilla

ဂေါ် ရီလာမျောက်

bear

ဝက်ဝံ

camel

ကုလားအုတ်

ostrich

ငှက်ကုလားအုတ်

lion

ခြင်္သေ့

monkey

မျောက်

flamingo

ဖလန်မင်းဂိုးငှက်

parrot

ကြက်တူရွေး

polar bear

ပိုလာဝက်ဝံ

penguin

ပင်ဂွင်းငှက်

shark

ငါးမန်း

peacock

ဥဒေါင်းငှက်

snake

မြွေ

crocodile

မိချောင်း

zookeeper

တိရိစ္ဆာန်ရုံ ထိန်းသိမ်းသူ

seal

ဖျံ

jaguar

ကျားသစ်

zoo - တိရိစ္ဆာန်ရုံ

pony

ပိုနီမြင်း

leopard

ကျားသစ်

hippo

ရေမြင်း

giraffe

သစ်ကုလားအုပ်

eagle

သိန်းငှက်

boar

တောဝက်

fish

ငါး

turtle

လိပ်

walrus

ပင်လယ်ဖျံကြီး

fox

မြေခွေး

gazelle

ဦးချိုပါ သမင်ညိုတစ်မျိုး

sports

အားကစားများ

American football
အမေရိကန် ဖွတ်ဘော
cycling
စက်ဘီးစီးခြင်း
tennis
တင်းနစ်ရိုက်ခြင်း
basketball
ဘတ်စကက်ဘော
ာ
swimming
ရေကူးခြင်း
boxing
လက်ဝှေ့
ice hockey
ရေခဲပြင် ဟော်ကီ

football

ဘောလုံးကန်ခြင်း

badminton

ကြက်တောင်ရိုက်ခြင်း

athletics

ကိုယ်လက်လှုပ်ရှား အားကစားများ

handball

ဟန်းဒ်ဘော ခေါ် လက်ပစ်ဘော

skiing

နှင်းလျှောစီးခြင်း

polo

ပိုလို

laugh
ရယ်မောသည်

jump
ခုန်သည်

hug
ပွေ့ဖက်သည်

walk
လမ်းလျှောက်သည်

sing
သီချင်းဆိုသည်

dream
အိပ်မက်သည်

pray
ဆုတောင်းသည်

kiss
နမ်းရှုပ်သည်

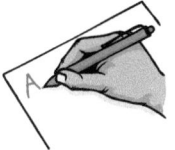

write
စာရေးသည်

draw
ရေးဆွဲသည်

show
ပြသသည်

push
တွန်းသည်

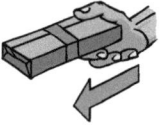

give
ပေးသည်

take
ယူသည်

have

ရှိသည်

do

ပြုလုပ်သည်

be

ဖြစ်သည်

stand

မတ်တပ်ရပ်သည်

run

ပြေးသည်

pull

ဆွဲသည်

throw

ပစ်သည်

fall

လဲကျသည်

lie

လိမ်လည်သည်

wait

စောင့်ဆိုင်းသည်

carry

သယ်ဆောင်သည်

sit

ထိုင်သည်

get dressed

အဝတ်အစားဝတ်သည်

sleep

အိပ်သည်

wake up

အိပ်ယာမှ ထသည်

activities – လှုပ်ရှားမှုများ

look at

တစ်ခုခုကို ကြည့်ရှုသည်

cry

ငိုသည်

stroke

ပွတ်သပ်သည်

comb

ဘီးဖီးသည်

talk

စကားပြောသည်

understand

နားလည်သည်

ask

မေးသည်

listen

နားထောင်သည်

drink

သောက်သည်

eat

စားသည်

tidy up

သပ်ရပ်အောင်လုပ်သည်

love

ချစ်သည်

cook

ချက်ပြုတ်သည်

drive

မောင်းသည်

fly

ပျံသန်းသည်

sail

ရွက်လွှင့်သည်

calculate

တွက်ပါ

read

ဖတ်သည်

learn

သင်ယူသည်

work

အလုပ်လုပ်သည်

marry

လက်ထပ်သည်

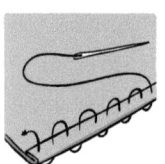

sew

အပ်ချုပ်သည်

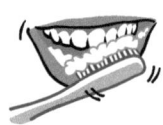

brush teeth

သွားတိုက်သည်

kill

သတ်သည်

smoke

ဆေးလိပ်သောက်သည်

send

ပို့သည်

family
မိသားစု

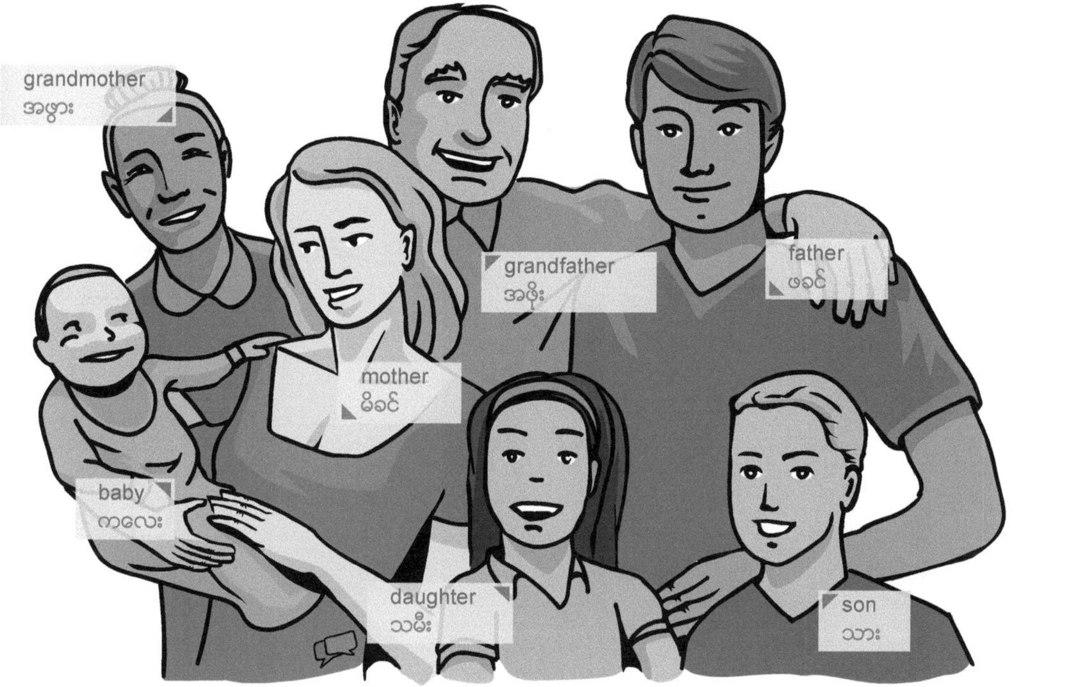

grandmother
အဖွား
grandfather
အဖိုး
father
ဖခင်
mother
မိခင်
baby
ကလေး
daughter
သမီး
son
သား

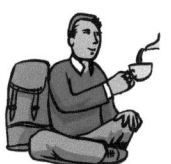

guest
ဧည့်သည်

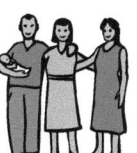

aunt
အဒေါ်

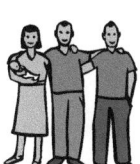

uncle
ဦးလေး

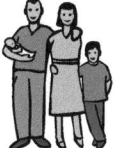

brother
အစ်ကို

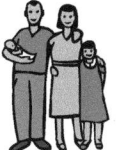

sister
အစ်မ

body
ကိုယ်ခန္ဓာ

forehead
နဖူး
eye
မျက်လုံး
shoulder
ပုခုံး
finger
လက်ချောင်း
face
မျက်နှာ
chin
မေးစေ့
hand
လက်
leg
ခြေသလုံး
breast
ရင်သား
arm
လက်မောင်း

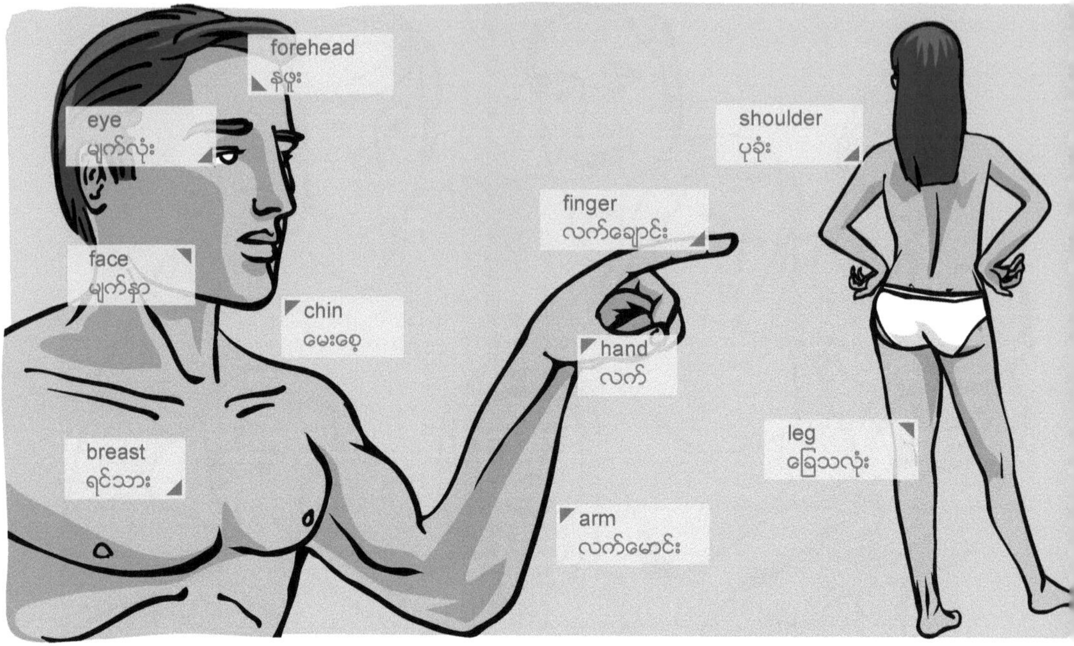

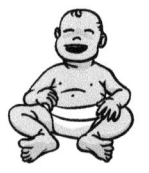

baby
ကလေး

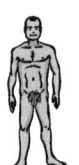

man
ယောက်ျားကြီး

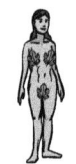

woman
အမျိုးသမီးကြီး

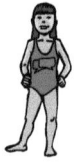

girl
မိန်းကလေး

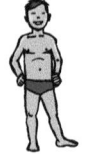

boy
ယောက်ျားလေး

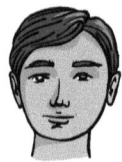

head
ဦးခေါင်း

back

နောက်ကျော

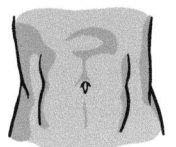

belly

ဗိုက်

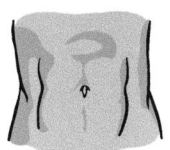

belly button

ချက်

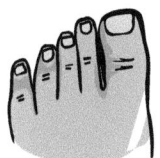

toe

ခြေချောင်း

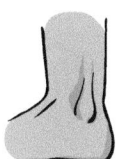

heel

ဖနောင့်

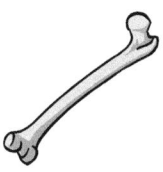

bone

အရိုး

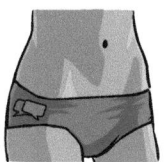

hip

တင်ရိုး

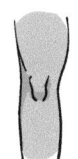

knee

ဒူးခေါင်း

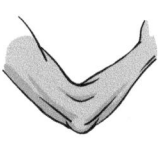

elbow

တံတောင်ဆစ်

nose

နှာခေါင်း

bottom

တင်ပါး

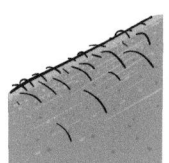

skin

အရေပြား

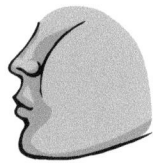

cheek

ပါးပြင်

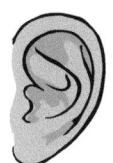

ear

နား

lip

နှုတ်ခမ်း

body - ကိုယ်ခန္ဓာ

69

mouth

ပါးစပ်

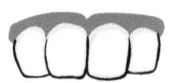

tooth

သွား

tongue

လျှာ

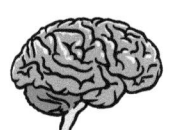

brain

ဦးနှောက်

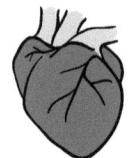

heart

နှလုံး

muscle

ကြွက်သား

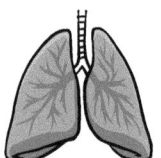

lung

အဆုတ်

liver

အသည်း

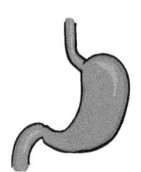

stomach

အစာအိမ်

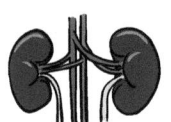

kidneys

ကျောက်ကပ်များ

sex

လိင်

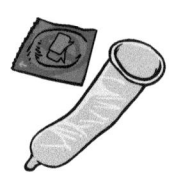

condom

ကွန်ဒုံး

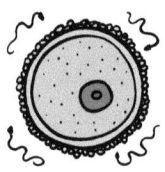

ovum

သားဥ

semen

သုတ်ရည်

pregnancy

ကိုယ်ဝန်

body - ကိုယ်ခန္ဓာ

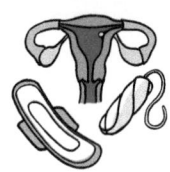

menstruation

ဓမ္မတာလာခြင်း

vagina

မိန်းမကိုယ်

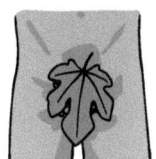

penis

လိင်တံ

eyebrow

မျက်ခုံး

hair

ဆံပင်

neck

လည်ပင်း

body - ကိုယ်ခန္ဓာ

hospital
ဆေးရုံ

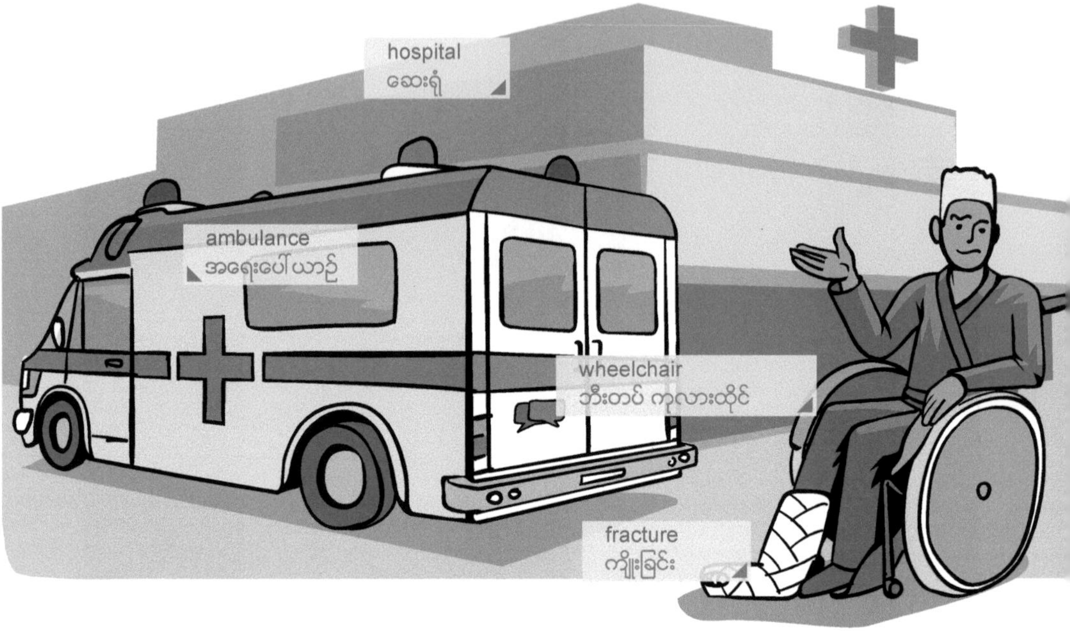

hospital
ဆေးရုံ
ambulance
အရေးပေါ်ယာဉ်
wheelchair
ဘီးတပ် ကုလားထိုင်
fracture
ကျိုးခြင်း

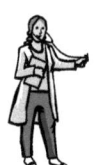

doctor

ဆရာဝန်

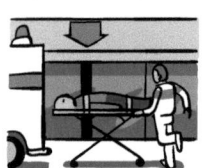

emergency room

အရေးပေါ် ဆေးကုသခန်း

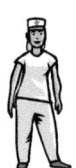

nurse

သူနာပြု

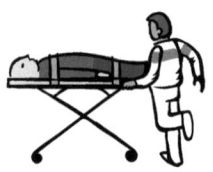

emergency

အရေးပေါ်

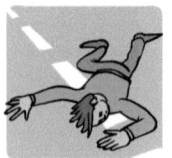

unconscious

သတိလစ်ခြင်း

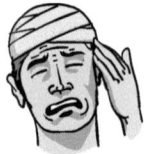

pain

နာခြင်း

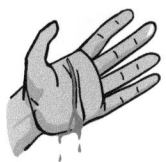

injury

ဒဏ်ရာ

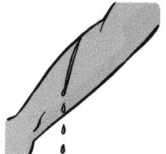

bleeding

သွေးယိုထွက်ခြင်း

heart attack

နှလုံးရပ်ခြင်း

stroke

လေဖြတ်ခြင်း

allergy

ဓာတ်မတည့်ခြင်း

cough

ချောင်းဆိုးခြင်း

fever

အဖျား

flu

တုတ်ကွေးရောဂါ

diarrhoea

ဝမ်းပျက်ဝမ်းလျှောခြင်း

headache

ခေါင်းကိုက်ခြင်း

cancer

ကင်ဆာရောဂါ

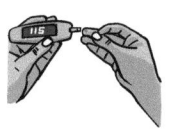

diabetes

ဆီးချိုရောဂါ

surgeon

ခွဲစိတ်ဆရာဝန်

scalpel

ခွဲစိတ်ခန်းသုံးဓါးပါး

operation

ခွဲစိတ်ခြင်း

CT

စီတီ

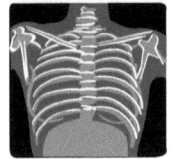

x-ray

ဓာတ်မှန်

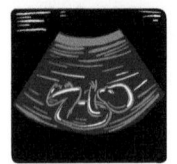

ultrasound

အာထရာဆောင်း

face mask

မျက်နှာဖုံး

disease

ရောဂါ

waiting room

စောင့်ဆိုင်းရန် အခန်း

crutch

ချိုင်းထောက်

plaster

ပလာစတာ

bandage

ပတ်တီး

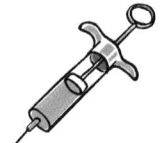

injection

ထိုးဆေး

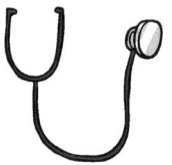

stethoscope

နားကြပ်

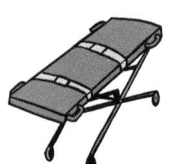

stretcher

လူနာတင်ထမ်းစင်

clinical thermometer

ကုသရေးပိုင်းသုံး
အပူချိန်တိုင်းသာမိုမီတာ

birth

မွေးဖွားခြင်း

overweight

အဝလွန်ခြင်း

74

hospital - ဆေးရုံ

hearing aid

နားကြားကိရိယာ

disinfectant

ပိုးသတ်ဆေး

infection

ရောဂါကူးစက်ခြင်း

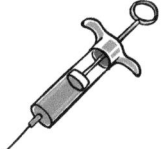

virus

ဗိုင်းရပ်စ်ပိုး

HIV / AIDS

အိတ်ချ်အိုင်ဗွီ /
အေအိုင်ဒီအက်စ်

medicine

ဆေးဝါး

vaccination

ကာကွယ်ဆေးထိုးခြင်း

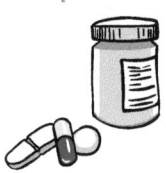

tablets

ဆေးလုံးများ

pill

ဆေးလုံး

emergency call

အရေးပေါ် ဖုန်းခေါ်ဆိုမှု

blood pressure monitor

သွေးဖိအား စောင့်ကြည့်သည့်
ကိရိယာ

ill / healthy

နာမကျန်းသော / ကျန်းမာသော

Help!

ကူညီကြပါ။

alarm

အရေးပေါ် ခေါင်းလောင်း

assault

ရိုက်နက်သည်

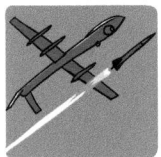

attack

တိုက်ခိုက်သည်

danger

အန္တရာယ်

emergency exit

အရေးပေါ် ထွက်ပေါက်

Fire!

မီး။

fire extinguisher

မီးသတ်ဗူး

accident

မတော်တဆဖြစ်ရပ်

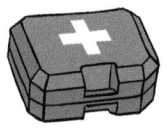

first-aid kit

ကြက်ခြေနီ ဆေးပုံး

SOS

အက်စ်အိုအက်စ်

police

ရဲ

Europe

ဥရောပတိုက်

North America

မြောက်အမေရိကတိုက်

South America

တောင်အမေရိကတိုက်

Africa

အာဖရိကတိုက်

Asia

အာရှတိုက်

Australia

ဩစတြေးလျတိုက်

Atlantic

အတ္တလန္တိတ် သမုဒ္ဒရာ

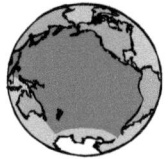

Pacific

ပစိဖိတ် သမုဒ္ဒရာ

Indian Ocean

အိန္ဒိယ သမုဒ္ဒရာ

Antarctic Ocean

အန္တာတိတ် သမုဒ္ဒရာ

Arctic Ocean

အာတိတ် သမုဒ္ဒရာ

North Pole

မြောက်ဝင်ရိုးစွန်း

South Pole
တောင်ဝင်ရိုးစွန်း

Antarctica
အန္တာတိကတိုက်

Earth
ကမ္ဘာမြေကြီး

land
ကုန်းမြေ

sea
ပင်လယ်

island
ကျွန်း

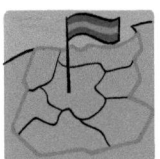

nation
နိုင်ငံကူးလက်မှတ်

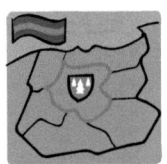

state
ပြည်နယ်

clock face
နာရီမျက်နှာပြင်

hour hand
နာရီလက်တံ

minute hand
မိနစ်လက်တံ

second hand
ဒုတိယလက်တံ

What time is it?
ဘယ်အချိန်ရှိပြီလဲ။

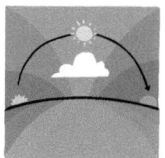

day
ရက်

time
အချိန်

now
ယခု

digital watch
ဒစ်ဂျစ်တယ် လက်ပတ်နာရီ

minute
မိနစ်

hour
နာရီ

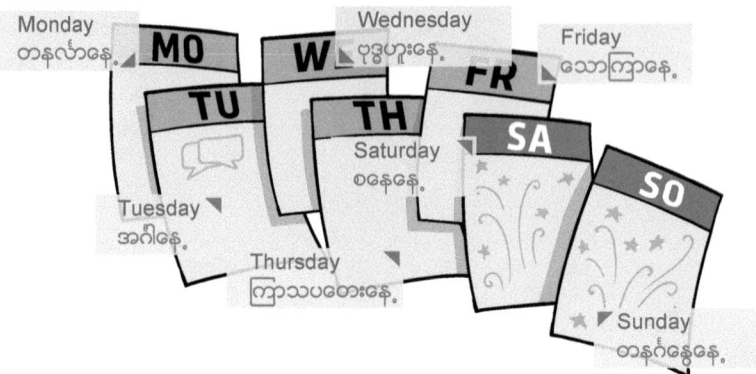

Monday
တနင်္လာနေ့

Wednesday
ဗုဒ္ဓဟူးနေ့

Friday
သောကြာနေ့

Tuesday
အင်္ဂါနေ့

Saturday
စနေနေ့

Thursday
ကြာသပတေးနေ့

Sunday
တနင်္ဂနွေနေ့

yesterday

မနေ့က

today

ယနေ့

tomorrow

မနက်ဖြန်

morning

မနက်

noon

နေ့လည်

evening

ညနေ

business days

အလုပ်လုပ်ရက်များ

weekend

စနေ တနင်္ဂနွေ အားလပ်ရက်

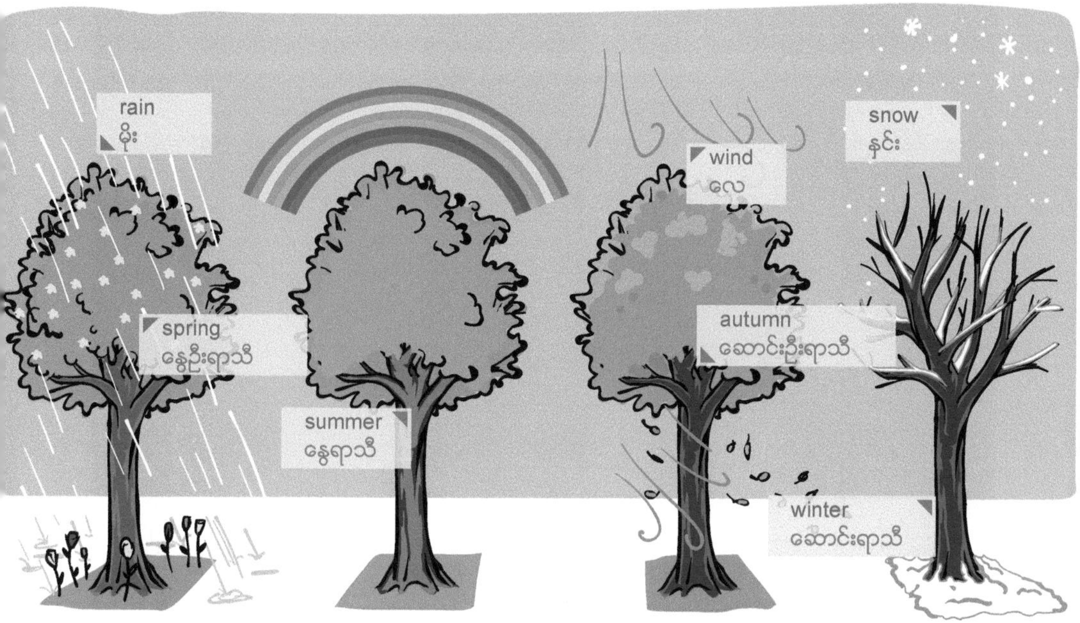

rain
မိုး

spring
နွေဦးရာသီ

summer
နွေရာသီ

wind
လေ

autumn
ဆောင်းဦးရာသီ

snow
နှင်း

winter
ဆောင်းရာသီ

4.APRIL	11°	☀
5.APRIL	4°	
6.APRIL	13°	
7.APRIL	8°	❄
8.APRIL	10°	☀

weather forecast
မိုးလေဝသ ကြိုတင်ခန့်မှန်းချက်

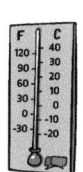

thermometer
အပူချိန်တိုင်း ကိရိယာ

sunshine
နေရောင်ခြည်

cloud
တိမ်

fog
မြူ

humidity
စိုထိုင်းဆ

lightning

လျှပ်စီးလက်ခြင်း

thunder

မိုးကြိုး

storm

မုန်တိုင်း

hail

မိုးသီး

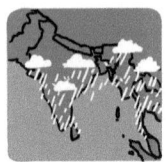

monsoon

မိုးရာသီ

flood

ရေကြီးခြင်း

ice

ရေခဲ

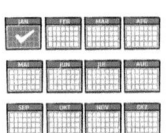

January

ဇန်နဝါရီလ

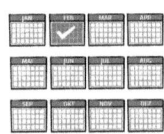

February

ဖေဖော်ဝါရီလ

March

မတ်လ

April

ဧပြီလ

May

မေလ

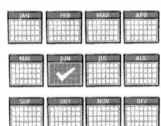

June

ဇွန်လ

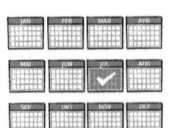

July

ဇူလိုင်လ

August

ဩဂုတ်လ

September

စက်တင်ဘာလ

October

အောက်တိုဘာလ

November

နိုဝင်ဘာလ

December

ဒီဇင်ဘာလ

shapes
ပုံစံများ

circle

စက်ဝိုင်း

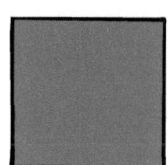

square

စတုရန်း

rectangle

ထောင့်မှန်စတုဂံ

triangle

တြိဂံ

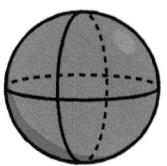

sphere

စက်ဝန်း

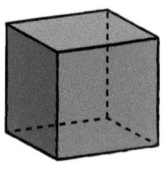

cube

အတုံး

white
အဖြူရောင်

yellow
အဝါရောင်

orange
လိမ္မော်ရောင်

pink
ပန်းရောင်

red
အနီရောင်

purple
ခရမ်းရောင်

blue
အပြာရောင်

green
အစိမ်းရောင်

brown
အညိုရောင်

grey
မီးခိုးရောင်

black
အနက်ရောင်

a lot / a little

အများအပြား / အနည်းငယ်

angry / calm

စိတ်ဆိုးသော /
စိတ်တည်ငြိမ်သော

beautiful / ugly

လှပသော / ရုပ်ဆိုးသော

beginning / end

အစ / အဆုံး

big / small

အကြီးသော / အငယ်

bright / dark

တောက်ပသော / မှောင်မဲသော

brother / sister

ညီအစ်ကို / ညီအစ်မ

clean / dirty

သန့်ရှင်းသော / ညစ်ပတ်သော

complete / incomplete

ပြည့်စုံသော / မပြည့်စုံသော

day / night

နေ့ / ည

dead / alive

သေသော / ရှင်သော

wide / narrow

ကျယ်သော / ကျဉ်းသော

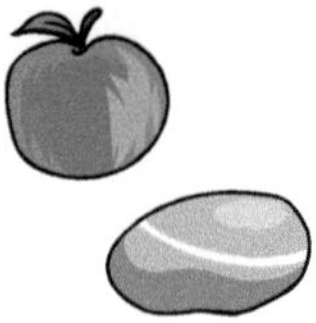

edible / inedible

စားသုံးနိုင်သော /
မစားသုံးနိုင်သော

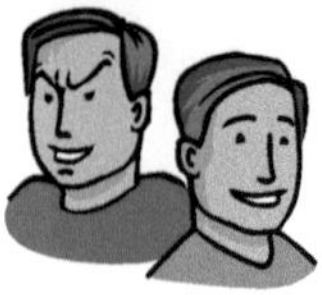

evil / kind

စိတ်ယုတ်သော / ကြင်နာသော

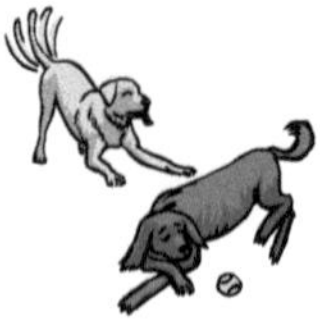

excited / bored

စိတ်လှုပ်ရှားဖွယ် / ပျင်းရိဖွယ်

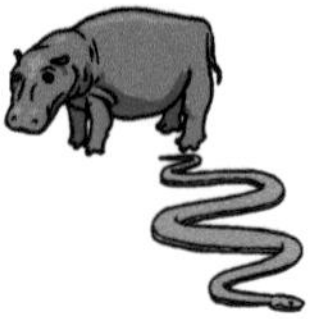

fat / thin

ဝသော / ပိန်သော

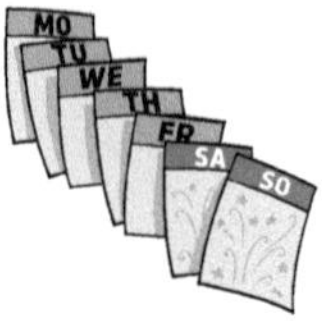

first / last

ပထမ / နောက်ဆုံးပိတ်

friend / enemy

မိတ်ဆွေ / ရန်သူ

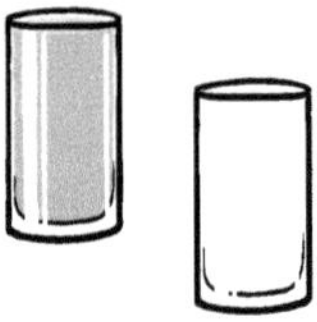

full / empty

အပြည့် / ဘာမှမရှိ

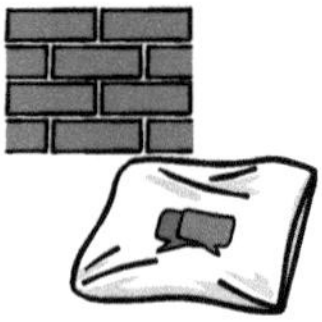

hard / soft

မာသော / ပျော့သော

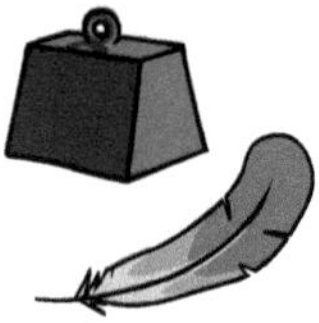

heavy / light

လေးလံသော / ပေါ့ပါးသော

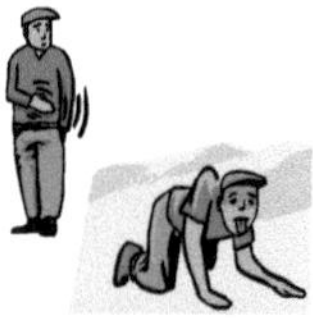

hunger / thirst

ိုဆာလောင်သော / ရေဆာသော

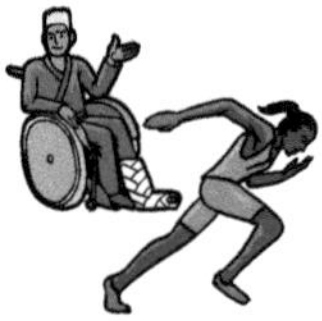

ill / healthy

နာမကျန်းသော / ကျန်းမာသော

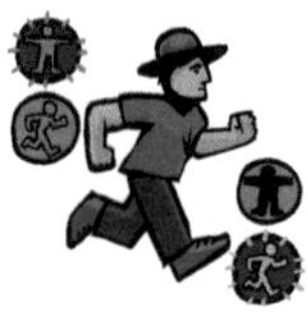

illegal / legal

တရားမဝင်သော /
တရားဝင်သော

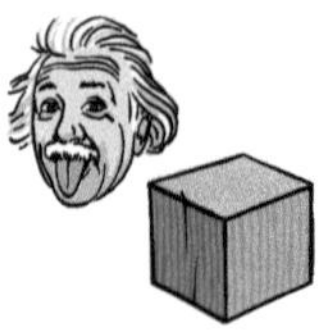

intelligent / stupid

ဉာဏ်ကောင်းသော /
ထိုင်းသော

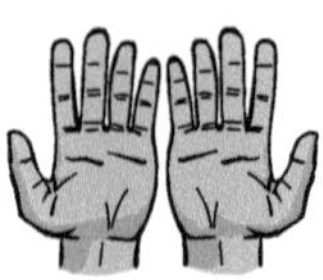

left / right

ဘယ် / ညာ

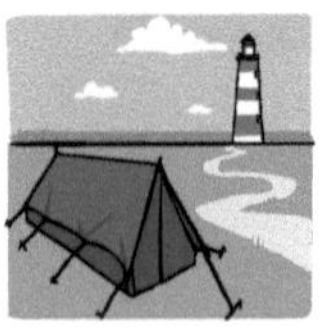

near / far

နီးသော / ဝေးသော

new / used

အသစ် / အသုံးပြုပြီးသား

nothing / something

ဘာမှမရှိ / တစ်ခုခု

old / young

အသက်ကြီးသော /
ငယ်ရွယ်သော

on / off

ဖွင့်သော / ပိတ်သော

open / closed

ဖွင့်သော / ပိတ်သော

quiet / loud

တိတ်ဆိတ် / ကျယ်လောင်

rich / poor

ချမ်းသာ / ဆင်းရဲ

right / wrong

အမှန် / အမှား

rough / smooth

ကြမ်းတမ်း / ချောမွေ့

sad / happy

ဝမ်းနည်း / ဝမ်းသာ

short / long

အတို / အရှည်

slow / fast

အနေး / အမြန်

wet / dry

စိုစွတ်သော / ခြောက်သွေ့သော

warm / cool

နွေးထွေးသော / အေးမြသော

war / peace

စစ် / ငြိမ်းချမ်းရေး

နံပါတ်များ

0

zero

သုည

1

one

တစ်

2

two

နှစ်

3

three

သုံး

4

four

လေး

5

five

ငါး

6

six

ခြောက်

7

seven

ခုနစ်

8

eight

ရှစ်

9

nine

ကိုး

10

ten

တစ်ဆယ်

11

eleven

ဆယ့်တစ်

12
twelve
ဆယ့်နှစ်

13
thirteen
ဆယ့်သုံး

14
fourteen
ဆယ့်လေး

15
fifteen
ဆယ့်ငါး

16
sixteen
ဆယ့်ခြောက်

17
seventeen
ဆယ့်ခုနစ်

18
eighteen
ဆယ့်ရှစ်

19
nineteen
ဆယ့်ကိုး

20
twenty
နှစ်ဆယ်

100
hundred
ရာ

1.000
thousand
ထောင်

1.000.000
million
မီလျံ

languages

English

အင်္ဂလိပ် ဘာသာစကား

American English

အမေရိကန် အင်္ဂလိပ်
ဘာသာစကား

Chinese Mandarin

တရုတ် မန်ဒရင်း ဘာသာစကား

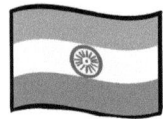

Hindi

ဟိန္ဒူ ဘာသာစကား

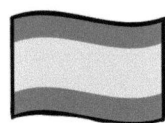

Spanish

စပိန် ဘာသာစကား

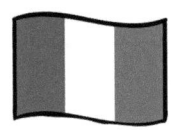

French

ပြင်သစ် ဘာသာစကား

Arabic

အာရာဗီ ဘာသာစကား

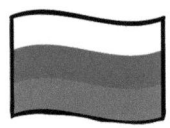

Russian

ရုရှ ဘာသာစကား

Portuguese

ပေါ်တူဂီ ဘာသာစကား

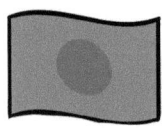

Bengali

ဘင်္ဂလီ ဘာသာစကား

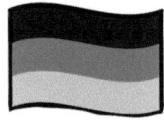

German

ဂျာမန် ဘာသာစကား

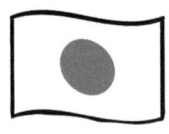

Japanese

ဂျပန် ဘာသာစကား

I

ကျွန်ုပ်

you

သင်

he / she / it

သူ / သူမ / ၎င်း

we

ကျွန်ုပ်တို့

you

သင်တို့

they

သူတို့

who?

ဘယ်သူလဲ။

what?

ဘာလဲ။

how?

ဘယ်လိုလဲ။

where?

ဘယ်နေရာလဲ။

when?

ဘယ်အချိန်လဲ။

name

အမည်

where
ဘယ်နေရာလဲ

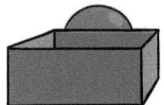

behind
အနောက်ဖက်

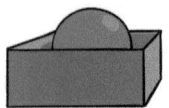

in
အတွင်း

in front of
အရှေ့ဖက်

over
အထက်ဖက်

on
အပေါ်ဖက်

under
အောက်ဖက်

beside
ဘေးဖက်

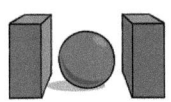

between
ကြား

place
နေရာ